UN SALON A PARIS

Ce volume a été déposé au ministère de l'intérieur (section de la librairie) en avril 1886.

PARIS. TYP. E. PLON, NOURRIT ET Cie, RUE GARANCIÈRE, 8.

K. O'MEARA

UN SALON A PARIS

MADAME MOHL ET SES INTIMES

CHATEAUBRIAND — MADAME RÉCAMIER
FAURIEL — AMPÈRE — MÉRIMÉE — TOCQUEVILLE — MANZONI
MADAME RISTORI — LA REINE DE HOLLANDE
LE DUC DE BROGLIE — MAUPAS — THIERS — GUIZOT
LOMÉNIE — M. JULES SIMON — M. RENAN

PARIS

LIBRAIRIE PLON

E. PLON, NOURRIT et Cⁱᵉ, IMPRIMEURS-ÉDITEURS

RUE GARANCIÈRE, 10

—

Tous droits réservés

UN SALON A PARIS

CHAPITRE PREMIER

Il est des mots dont le charme ne languit jamais, et dont l'intérêt ne passe pas. Pour qui aime la France, sa littérature, son histoire, le petit mot *salon* possède une fascination irrésistible. Il évoque tout ce qu'il y a de fin, de spirituel, de piquant, de caractéristique dans la femme. Le salon est essentiellement une institution française ; aucune autre nation ne l'a connu, aucune autre société n'a contenu les éléments qui l'ont créé. Nous disons : « Une agréable maison » quand nous parlons d'un centre de réunion ; en France, on dit : « Un salon agréable. » Ces deux termes

différents expriment bien les idées diffé-
rentes qu'ils représentent. Une *maison* est
un lieu où l'hospitalité s'exerce, où les
amis sont reçus avec quelque chose de
plus substantiel que le festin de l'esprit et
les épanchements de l'âme. Une maison
agréable implique les réceptions, les repas
gais et nombreux, les lunchs sans cérémonie, les propos joyeux entre les hôtes
et les invités ; il y faut un maître aussi bien
qu'une maîtresse. Un *salon* appelle un
autre ordre d'idées. Il suppose une maîtresse, mais n'a pas nécessairement besoin
d'un maître ; et c'est là une distinction ca-
pitale. Il n'exige rien de matériel ; les causeries faciles, la conversation, l'échange
des idées lui suffisent. C'est simplement
un milieu où des gens distingués aiment à
se retrouver et à causer ensemble. Il peut
avoir, et il a presque toujours, une physionomie particulière : littéraire, religieuse,
politique, artistique ou philanthropique,

mais c'est toujours un centre de conversation, où le nectar de l'intelligence remplace tout autre breuvage.

Quand on pense au plaisir, et même au bonheur que donne la conversation, on s'étonne que si peu de personnes cherchent à le goûter. Autrefois, la France le comprenait, et consacrait autant de soins à l'art de la conversation qu'à tout autre art libéral. Les salons étaient les écoles où on l'enseignait, les arènes où maîtres et disciples s'y exerçaient. Dire d'une femme : « Elle cause bien », était une louange plus délicate que de célébrer son élégance ou sa beauté. Paris est le berceau et la patrie du salon, sorte de plante qui croît naturellement sur le sol de cette ville si animée. C'est un empire qui a toujours été respecté depuis que madame de Rambouillet l'a fondé pour épurer et perfectionner la langue française. Le trône a été vacant à plusieurs reprises, quelquefois pendant longtemps ; mais il était debout, prêt à recevoir la souveraine qui en prendrait possession. Le droit de conquête était le seul droit reconnu. Aucune loi d'hérédité ne transmettait le sceptre d'une reine à une autre ; aucun code dynastique ne lui était imposé. Comme César, elle n'avait qu'à venir, voir et vaincre. Toute femme qui devait la royauté à sa propre valeur pouvait aspirer à cette souveraineté tout à la fois élective, absolue et démocratique.

Il y a dans l'histoire des femmes certains courants qui semblent les entraîner et les porter au sommet du pouvoir social. Ces courants se forment le plus souvent à la suite des convulsions politiques qui se reproduisent périodiquement en France. Quand la société sort des angoisses d'une révolution ou du choc d'un coup d'État, l'apparition d'une femme supérieure est un bienfait. Pendant que les eaux bouillonnent encore sous le souffle de l'orage, c'est le moment pour elle de lancer sa barque et de se laisser porter sur les vagues montantes.

Une grande partie du succès sans rival de madame Récamier est due incontestablement à la chance qui mit à sa disposition une de ces occasions rares, et au tact exquis avec lequel elle sut en profiter. Lorsque Paris, délivré de la guillotine, lavé du sang qui l'avait inondé, commença à respirer et à être altéré de plaisirs, après avoir subi la douleur sous ses formes les plus terrifiantes et les plus hideuses, Napoléon surgit, héros et demi-dieu, pour affranchir la nation humiliée, et madame Récamier se leva comme une douce vision pour lui plaire et l'enchanter. Voir cette ravissante créature danser le *Pas du châle* avec la grâce voluptueuse d'une beauté grecque, l'enivra comme du vin nouveau. Partout où elle était, la foule se précipitait ; à l'église même on montait sur les chaises pour l'apercevoir. Le héros, adulé et adoré par la nation tout entière, vint offrir ses hommages à la reine de la beauté, qui resta insensible à tant de gloire. Sa fierté accrut son prestige, mais elle le paya cher : Napoléon ne lui pardonna jamais. Quand il fut maître de l'Europe, les dédains de madame Récamier exaspéraient encore sa vanité blessée, et il la persécuta avec une rigueur qui suffit à rendre un éclatant témoignage à l'influence de la femme en France. Madame Récamier ne s'occupait pas de politique ; elle ne se mêla à aucun parti, n'écrivit jamais une ligne ; mais elle était belle, séduisante, elle avait un salon, et César, au milieu de ses triomphes, comptait avec elle. Il avait essayé de la gagner, il échoua, et il la traita toujours depuis avec la plus amère rancune. Il l'exila de Paris d'abord, de France ensuite. Sa haine sans pitié la poursuivit jusque dans les contrées lointaines où elle se réfugia, et c'était un acte de courage de la part des souverains de l'accueillir avec bienveillance dans leurs États; une marque de bonté envers l'exilée les exposait à une soudaine et formidable vengeance. Cette guerre mesquine du grand empereur augmenta de beaucoup l'importance de madame Récamier, et lorsque, après la chute du despote, l'aimable et douce victime revint à Paris, elle fut reçue en reine, et à son diadème s'ajoutait comme une auréole de martyre.

La Restauration lui offrit une nouvelle ère de succès. Après le luxe pompeux de l'Empire, la simplicité et le bon ton reprirent leur place dans le monde. Madame Récamier inaugura un nouveau règne. Le temps, la souffrance, l'isolement avaient mûri son esprit, et adouci plutôt que diminué sa radieuse beauté. La perte de sa fortune, due à cette fierté qui lui coûta si cher de toutes façons, lui rendait impossible de reprendre ses anciennes habitudes et ses brillantes réceptions d'autrefois ; elle se retira donc à l'Abbaye-aux-Bois, et s'y établit dans une simplicité monacale. Son salon, dans le vrai sens du mot, date de cette époque. Ce n'étaient plus la richesse et la beauté qui attiraient autour d'elle, mais son esprit et le charme qui se dégageait de toute sa personne. L'élite de la société vint chez madame Récamier, dans ce petit salon carrelé en briques, modestement meublé, où chacun tenait à honneur d'être admis. Les hommes de tous les partis et de toutes les nuances d'opinions oubliaient leurs dissentiments en sa présence et se souriaient pour l'amour d'elle. Un demi-jour religieux donnait l'idée d'une chambre de malade. On y parlait bas comme s'il fallait ménager les nerfs d'un convalescent. Et de fait il en était ainsi. Chateaubriand était le dieu souffrant qui trônait dans ce cénacle, entouré des soins incessants de la beauté suave dont la mission dorénavant était de le distraire et de le charmer. Elle n'avait plus d'autre but que de *désennuyer* ce génie égoïste, exigeant et blasé. Il avait combattu contre l'ennemi toute sa vie, et maintenant que le poids de l'âge enchaînait l'ardeur de sa vanité toujours inassouvie, il déposait les armes et attendait que d'autres combattissent pour lui. Tous ceux qui pouvaient aider madame Récamier dans cette tâche ingrate lui inspiraient la plus profonde reconnaissance. Son dévouement pour Chateaubriand était absolu, elle lui consacrait ses journées entières. Il lui écrivait le matin, elle lui répondait ; puis dans l'après-midi il venait et causait seul avec elle avant qu'aucun visiteur fût admis. Pendant bien des années il passa aussi plusieurs heures avec elle chaque soir. Un certain nombre d'amis, choisis dans le dessein de lui être agréables, ne manquaient jamais leur visite quotidienne à l'Abbaye.

Ce qui nous frappe, nous, gens affairés du dix-neuvième siècle, dans ce genre d'existence, c'est le loisir, pour ne pas dire l'absolue oisiveté, et l'inépuisable faculté de parler qu'il suppose. Que pouvaient bien avoir à se dire tous les jours et tout le long du jour ces gens d'esprit que les liens d'un travail commun ne réunissaient pas? Il n'y a que les amoureux qui aient toujours quelque chose d'important et de nouveau à se dire; et plus ils se le disent, plus c'est important et nouveau; et encore, après une certaine phase d'exaltation, ces fous heureux reviennent au bon sens, reprennent possession d'eux-mêmes et se taisent. Mais les habitués du salon de madame Récamier ne paraissent pas en être arrivés là. Longtemps après que les adorateurs ardents étaient devenus des amis dévoués, ils venaient encore causer chaque jour pendant des heures entières. Il est clair qu'ils n'avaient pas autre chose à faire, et que l'unique souci de madame Récamier était de rester chez elle pour les recevoir et les écouter.

Pouvoir rester chez soi était plus facile alors qu'aujourd'hui. L'impossibilité d'être à la maison est une des causes pour lesquelles il n'y a plus de salons à présent : madame Benoîton ne pouvait pas plus avoir un salon qu'un tamis retenir l'eau ; mais il y a cinquante ans, madame Benoîton n'était pas le type universel. Les femmes de cette époque peuvent avoir été frivoles, « ignorantes » dans le sens moderne du mot, mais quels que fussent leurs défauts, elles avaient du moins cette vertu que les femmes de notre temps ne possèdent plus : elles savaient rester chez elles. Les habitués qui sonnaient chaque jour à leur porte ne craignaient pas de se heurter à l'inévitable formule : « Madame est sortie. »

Non-seulement madame Récamier choisissait ses relations dans le but de plaire à Chateaubriand, mais encore elle dirigeait la conversation suivant ses goûts, et cependant, en dépit de cet art exquis qu'elle « portait à l'infini », disait Tocqueville, ses efforts n'aboutissaient pas toujours à écarter le nuage du front de l'idole désenchantée. Alors personne ne pouvait lui rendre un plus grand service que de ramener un sourire sur les lèvres du poëte ; mais sa plus tendre reconnaissance était acquise à celui qui réveillait Chateaubriand de sa désolante torpeur en lui donnant le bonheur de rire. Une jeune Anglaise, miss Mary Clarke, plus tard madame Mohl, accomplit un jour ce tour de force avec un tel succès qu'elle devint dès lors la favorite de la maîtresse de la maison, et fut définitivement adoptée dans ce cercle brillant. Après ce premier triomphe, l'arrivée de miss Clarke était attendue à l'Abbaye avec une impatience plus ou moins grande, suivant le degré d'ennui visible de M. de Chateaubriand. Lorsque celui-ci caressait le chat de madame Récamier, tous les yeux se tournaient vers la porte ; mais quand c'était la crise, il jouait avec le cordon de la sonnette, l'anxiété devenait angoisse, et l'entrée de la « jeune Anglaise » était saluée par un « Ah ! » de détente générale.

Sa mère, madame Clarke, était Écossaise, fille du capitaine Hay, du Royal Navy ; madame Hay, femme d'un caractère viril et d'un esprit cultivé, avait fait partie du cercle intellectuel dont Hume fut long-temps le centre à Édimbourg. Veuve très-jeune, madame Clarke vint en France avec ses deux filles, Éleanor, âgée de dix ans, et Mary, qui n'en avait que trois dans la mé-morable année 1793[1]. De santé délicate, elle résida quelque temps dans le Midi, circonstance qui conduisit Mary dans un couvent de Toulouse. Mary fut très-aimée

[1] Cette date, qui paraît improbable, a été fixée par Mary elle-même, qui, dans une lettre à M. Ampère, dit qu'elle vint en France à l'âge de trois ans. Elle était née en 1790.

des religieuses, et en conserva le plus doux souvenir. Jusqu'à trois ans elle n'avait pas parlé ; sa mère s'en inquiéta, et quoique Mary entendît parfaitement ce qu'on disait, madame Clarke commença à craindre que, par quelque défaut de conformation, sa fille ne fût muette. Tout à coup, un jour, l'enfant tendit la main à sa mère, en disant très-distinctement : « Donnez-moi un sou pour acheter un gâteau ! » Dans ses dernières années, Mary aimait à raconter cette histoire en se moquant du contraste qu'elle faisait ressortir : elle n'a jamais su pourquoi elle avait parlé si tard, mais elle remarquait gaiement qu'elle s'était bien rattrapée depuis.

Elle racontait aussi qu'étant toute petite fille, elle s'était hissée sur la croupe d'un cheval de troupe pour voir l'entrée des alliés à Paris. C'était bien d'elle de se risquer dans cette position excentrique, et ce doit être vrai puisqu'elle s'en souvenait ;

mais, née en 1790, elle était loin d'être une *petite fille* en 1815. Le chapitre de son âge était le seul point, du reste, sur lequel sa véracité pût être prise en défaut.

D'une vivacité extraordinaire, Mary passa son enfance dans une activité d'esprit et de corps qui mettait tout le monde en agitation autour d'elle ; elle avait beaucoup de goût pour la musique, plus encore pour le dessin, et ces dons naturels furent soigneusement cultivés. Elle faisait les portraits avec une merveilleuse facilité ; elle fit le sien dans sa jeunesse, et il passait pour être d'une grande ressemblance ; après trois quarts de siècle on la reconnaissait encore. Elle étudia le pastel, alors très en faveur, avec mademoiselle Clotilde Gérard, et peignit assidûment au Louvre. Elle s'y rendait le matin et travaillait sans interruption jusqu'à la fermeture du Musée. Comme elle allait beaucoup dans le monde, pour éviter de retourner s'habiller à la

maison, elle inventa un tablier avec deux
grandes poches, dans l'une desquelles elle
portait son déjeuner, et dans l'autre une
guirlande de fleurs. Quand la galerie était
fermée, elle partait pour aller dîner en
ville, — on dînait alors de bonne heure, —
et faisait sa toilette dans l'antichambre,
remplie quelquefois de valets de pied; mais
leur présence ne la gênait guère. Elle ébou-
riffait ses cheveux bouclés, plantait sa cou-
ronne par-dessus, roulait son tablier, et faisait son entrée. Nous croyons volontiers
ceux qui disent que c'était toujours une
entrée triomphale. Quelques-uns se rappellent l'effet que produisait la jeune
Anglaise dans le salon de la princesse de
Belgiojoso, dont elle était l'hôte assidue,
et où sa coiffure étonnante était toujours
accueillie avec joie.

Edgar Quinet, un vieil ami, et tant soit
peu adorateur de Mary, nous la dépeint
telle qu'elle lui apparut dans une brillante

soirée chez la princesse, entourée des femmes les plus élégantes de la société. Écrivant à sa mère une description de la fête, il ajoute :

« Quant à ma chère miss, comme vous l'appelez, je dois avouer qu'elle faisait une triste figure, quoique très-aimée et considérée des gens réfléchis. Je crois fortement qu'elle avait une robe de soie brune, avec les cheveux crépus et embrouillés à l'ordinaire. Elle est heureuse de ne pas se douter de sa figure : elle se glisse, elle court, elle s'arrête, elle s'expose au milieu des charmantes têtes dont les salles sont pleines, avec un repos de conscience et une imperturbable assurance ! Elle n'en aurait pas davantage quand elle aurait la tête de Vénus en personne. A peine si j'osais, pour ma part, la regarder; mais, Dieu merci, elle ne s'aperçoit de rien ! »

Un peu plus tard, Quinet écrit encore à sa mère : « Miss Clarke est certainement une bonne et sincère amie ; mais que de petits préjugés ! Elle figurerait à merveille dans un conte fantastique d'Hoffmann. La voilà pour le moment éperdument amoureuse d'un affreux petit chat noir qu'elle embrasse toute la matinée sur la bouche, dans son salon, en s'écriant chaque fois : « Adorable créature, va ! »

Éleanor Clarke, sœur aînée de Mary, épousa en 1808 M. Frewen Turner, de Cold Overton, Leicestershire. Mary allait souvent chez sa sœur. Pendant une de ses visites, il lui arriva une aventure qu'elle racontait avec une grande satisfaction. Madame de Staël était à Londres, et Mary, qui avait entendu beaucoup parler de cette femme célèbre, mourait d'envie de la voir. Elle apprit que madame de Staël cherchait une gouvernante, et résolut d'aller se proposer. Elle découvre l'adresse de madame de Staël, s'échappe un matin, à l'insu de toute la maison, dépense tout son argent pour fréter un carrosse et se faire conduire à l'hôtel. L'auteur de *Corinne* la reçut très-gracieusement, mais déclina ses offres de service, parce qu'elle paraissait trop jeune. Mary fut très-fière de cet exploit, qu'elle garda secret fort longtemps.

Madame Clarke, en venant s'installer à Paris, habita d'abord rue Bonaparte ; au bout de quelques années, elle eut une discussion avec son propriétaire : « C'était toujours une race de vipères que les propriétaires de Paris ! » s'écriait encore Mary cinquante ans plus tard ; et madame Clarke se décida à déménager. A ce moment même, madame Récamier désirait quitter son grand appartement de l'Abbaye-aux-Bois pour en prendre un plus petit et plus tranquille sur le jardin. MM. Fauriel et Ampère, amis intimes des Clarke, leur avaient parlé souvent de madame Récamier, et leur indiquèrent son appartement comme pouvant leur convenir. Madame

Clarke et sa fille le visitèrent, le trouvèrent à leur gré, et furent présentées à madame Récamier. Le nouveau salon de celle-ci étant trop petit pour ses nombreux amis, on convint qu'elle se servirait de l'ancien, maintenant à mesdames Clarke, pour ses réceptions du soir. De cet arrangement naquit bien vite entre les trois femmes une intimité qui devint tout de suite une vive et profonde amitié, amitié qu'aucun nuage n'a jamais altérée.

Mary conquit tout d'abord les bonnes grâces de madame Récamier par son talent à amuser M. de Chateaubriand; mais bientôt une sympathie personnelle succéda à ce sentiment de gratitude indirecte. La jeune Anglaise s'enthousiasma pour sa belle amie; car, quoique madame Récamier eût alors plus de cinquante ans, elle était encore assez belle pour porter sans fléchir le poids de sa renommée, tandis que sa grâce et son charme restaient également séduisants. « C'est la plus ravissante créature que j'aie jamais connue », assurait Mary un demi-siècle plus tard. « Personne ne racontait comme elle, avec un sentiment de fine gaieté extrêmement délicat, sans blesser qui que ce fût. J'adorais madame Récamier. »

Mary Clarke paraissait évidemment plus jeune qu'elle ne l'était, car tout le monde l'appelait « la jeune Anglaise » et parlait d'elle comme d'une toute jeune fille. Elle avait pourtant trente ans à cette époque; mais son extérieur et son esprit rappelaient le vieux proverbe : « Une femme a l'âge qu'elle paraît avoir », et Mary avait certainement dans sa figure et dans ses manières les caractères essentiels de la jeunesse : la fraîcheur et le charme. Son naturel parfait, sa gaieté d'enfant, son esprit étincelant rafraîchirent l'atmosphère du salon de madame Récamier. Ses plaisanteries légères, son originalité, tournant déjà à l'excentricité, furent un élément de détente dans un milieu où l'élévation habituelle des sentiments pouvait provoquer la réaction qui suit une tension trop forte. La présence de Mary était l'antidote de l'ennui. Elle déridait tout le monde ; elle déplaisait ou exaspérait quelquefois, mais elle n'ennuyait jamais.

Plusieurs des hommes distingués qui fréquentaient le salon de madame Récamier étaient liés avec mesdames Clarke, particulièrement, comme nous l'avons déjà dit, Fauriel et Ampère. Décrivant ces jours heureux de l'Abbaye, Ampère disait de Mary Clarke : « C'est une charmante combinaison de vivacité française et d'originalité anglaise, mais je crois que le caractère français domine. Elle faisait les délices de l'illustre *ennuyé;* ses expressions étaient bien à elle, et il s'en servit plusieurs fois dans ses écrits. Son langage, comme le tour de son esprit, était tout à fait original,

délicat, recherché, sentant plus le dix-
huitième siècle que le nôtre. »

Toute la personne de la jeune Anglaise
complétait avec un incroyable à-propos
l'effet de son langage hardi, brillant et
humoristique. Elle n'était guère jolie, mais
elle avait la beauté du diable, un teint
de lys et de roses, un petit nez en l'air,
respirant l'esprit et l'audace, de grands
yeux bleus, pleins de malice, d'une extrême
vivacité, une tête bien posée sur les
épaules, couronnée d'une masse de petites
boucles qui tombaient en désordre sur son
front blanc; toute la chevelure échappait
dès le matin au joug du peigne et des
épingles; sa taille svelte avait une grâce
énergique qui lui était particulière. Quelques personnes la proclamaient une jolie
laide, d'autres la disaient simplement laide;
mais tous s'accordaient à la trouver charmante. Même ceux qui ne l'aimaient pas,
c'était le petit nombre, convenaient qu'elle

était séduisante.' Une grande partie de cette séduction venait de son naturel parfait; elle disait tout ce qui lui passait par la tête, aussi à son aise avec un prince ou un poëte qu'avec un écolier ou un marchand de pommes. Si cette petite tête impertinente eût été soumise à l'examen d'un phrénologue, celui-ci l'aurait, à coup sûr, trouvée dépourvue de la bosse de la vénération. Elle ne saluait que la grandeur intellectuelle; Chateaubriand fut pour elle la personnification la plus sublime de cette souveraineté, et elle lui rendit un hommage absolu. Il l'acceptait de bonne grâce, et parut avoir une tendresse réelle pour la jeune et brillante Anglaise.

M. Lenormand, remarquable lecteur, lisait les *Mémoires d'outre-tombe,* une fois par semaine, à l'Abbaye, de quatre à six heures; le dîner interrompait la lecture, qui était reprise de huit à dix heures, quelquefois onze. Nul n'était admis, hors ceux qui savaient admirer et applaudir à propos, et parmi ceux-là miss Clarke tenait la première place. Quelquefois ce récit orgueilleux l'émouvait jusqu'aux larmes, tribut flatteur qui inclinait vers elle le cœur de l'écrivain.

Le séjour de madame Clarke à l'Abbaye était un enchantement perpétuel. Tout ce qui avait une valeur quelconque en littérature était connu et goûté chez madame Récamier avant de se répandre dans le monde : les jeunes auteurs y portaient leurs manuscrits po.. y être jugés comme par une censure secrète ; les célébrités aimaient à savourer d'avance les succès d'un nouvel ouvrage dans la louange délicate de cet auditoire d'élite ; quand Rachel devait paraître dans un nouveau rôle, elle voulait assurer son triomphe en le déclamant dans le salon de madame Récamier, avant d'affronter sur la scène le jugement du public.

Ces diverses influences contribuèrent à former le goût de Mary et à cultiver son intelligence. A la même époque elle contracta une étroite amitié qui l'absorba beaucoup, tant qu'elle dura, et qui laissa sur son esprit et sur son caractère une empreinte profonde. Louise S... était de quelques années plus jeune que Mary; également intelligente, elle lui ressemblait aussi peu que possible. Sa remarquable beauté éveillait chez ceux qui l'ont connue dans toute la fraîcheur de sa jeunesse, la pensée d'une vision; elle avait, en outre, un charme inexprimable de modestie et de grâce féminine, un esprit d'une solidité virile, une imagination des plus poétiques. Mary Clarke, ravie par la réunion de tant de qualités, s'éprit passionnément de celle qui les possédait, et qui lui rendit une égale affection, mais sans l'ardeur jalouse dont tous les sentiments de Mary étaient animés. Louise S... exerça sur son amie une très-heureuse influence ; son jugement froid, son ferme bon sens continrent à un certain degré le caractère fantasque et volontaire de Mary. Leur amitié grandissait de plus en plus, lorsque apparut dans leur cercle une autre jeune fille, Adélaïde de Montgolfier, disgraciée de la nature, mais douée de toutes les séductions qui pouvaient compenser la sévérité du sort à son égard. Elle et Louise se lièrent tendrement, et Mary partagea d'abord leur intimité, puis elle en devint jalouse, et déclara enfin à son amie qu'elle devait choisir entre elle et Adélaïde. Trop indépendante pour supporter tant d'exigence, Louise se révolta, et elles se brouillèrent. Plus tard, Louise se maria ; elle se fit connaître dans le monde des lettres par quelques ouvrages pleins de goût, de délicatesse, et portant l'empreinte d'une grâce artistique très-pure. Sa vie s'écoula dès lors loin de celle de son ancienne amie, plus mondaine et plus ambitieuse ; elles se perdirent de vue, mais pas de souvenir. Lorsqu'elles furent devenues vieilles toutes deux, Mary alla retrouver madame ***, prouvant ainsi, comme nous le verrons, que cette longue séparation n'avait point changé son cœur. Sa fidélité en amitié était un des traits saillants de son caractère.

Après un séjour de sept ans à l'Abbaye, mesdames Clarke occupèrent un appartement de la rue du Bac, que la mère et la fille ne devaient plus quitter. Elles formaient toutes deux un contraste frappant : madame Clarke était belle, imposante, calme, ne manquant pas d'intelligence, mais tout à fait éclipsée par le vif éclat de sa fille, sans que Mary eût conscience de sa supériorité sur sa mère. Elles s'aimaient tendrement. Mary disait de sa mère qu'elle était d'une douceur extraordinaire, et ne lui avait jamais adressé une parole sévère ni fait verser une larme dans son enfance.

Le goût de Mary pour la société se développa beaucoup pendant sa longue intimité avec madame Récamier. La société était devenue son occupation continuelle, sa vocation; elle l'adopta comme d'autres adoptent les arts, la politique, la charité. Du jour où elle se décida à avoir un salon, elle en fit son unique affaire en ce monde.

Ici, une réflexion s'impose à nous : cette *affaire* méritait-elle d'y consacrer toute une vie? Que ceux qui nous adressent cette question y répondent eux-mêmes suivant leurs lumières respectives. Toutefois, avant de condamner le but de Mary Clarke comme vain et frivole, rappelons charitablement qu'à cette époque le salon était une sorte d'institution ouverte, un asile pour les littérateurs qui sont généralement pauvres, sans foyer, surtout les plus nobles d'entre eux, ceux qui se dévouent au service de la science et des lettres. Après une longue journée de labeur acharné, ces hommes d'étude n'ont pas d'intérieur clair et chaud où les attende la causerie intime, le cercle quotidien. Les clubs, si nombreux aujourd'hui, si recherchés, restent sans attrait pour les hommes studieux, méditatifs, adonnés aux spéculations élevées, accoutumés à la vie simple; mais, il y a soixante ans, ils n'avaient pas même cette ressource. Les clubs, qu'on accuse d'être une des causes principales de la ruine de nos salons, aident à expliquer et à justifier l'importance des réunions de ce temps-là.

Mary Clarke ouvrit son salon dans des conditions très-favorables. Tout d'abord, la situation était bien choisie : rue du Bac, au milieu des membres de l'Institut, ses principaux habitués; l'appartement, un peu haut perché, spacieux, bien éclairé, donnait sur de vastes jardins, et jouissait, même sur la rue, d'une tranquillité relative. Plus tard, « ce coquin de Bon Marché », disait madame Mohl, avait rendu très-bruyant le quartier autrefois si paisible.

Les éléments sociaux étaient des plus distingués, venant pour la plupart du cercle de madame Récamier. La fortune de madame Clarke, quoique assez modeste, lui permettait pourtant d'exercer l'hospitalité sous sa forme la plus essentielle en recevant ses amis à dîner. Fauriel, Roulain, Jules Mohl s'asseyaient à sa table plusieurs fois par semaine, et passaient presque toutes leurs soirées chez elle.

Mary avait profité de son passage à l'Abbaye pour devenir une maîtresse accomplie dans l'art de la conversation, mais les manières distinguées et la politesse exquise de cette école de respect n'avaient point été contagieuses : son laisser-aller, sa pente naturelle à la vie de bohème ne s'y modifièrent pas. Elle avait des façons de l'autre monde, et madame Clarke, si digne, si placide, n'avait pas plus essayé de les réformer qu'elle n'avait cherché à réprimer ses boutades, ou à contrôler les extravagances de son cerveau fantasque.

Par exemple, c'était la coutume, quand les trois amis de la maison, Fauriel, Mohl et Roulain, dînaient rue du Bac, de faire la sieste après dîner; pour faciliter ce petit somme, on portait la lampe dans une chambre voisine; les hommes se mettaient bien à l'aise dans des fauteuils, Mary jetait là ses pantoufles, et se pelotonnait sur un canapé; on dormait un instant, puis tous se réveillaient, frais et dispos, prêts à causer jusqu'à minuit. Ordinairement les invités n'arrivaient que bien après le réveil général; il advint pourtant un soir qu'un visiteur se présenta de meilleure heure, et tomba dans le salon au beau milieu de nos amis endormis. On peut juger de l'effet! Les messieurs bondissent en se frottant les yeux; madame Clarke se précipite pour rapporter la lampe; Mary cherche en-

tâtonnant ses pantoufles, et saute de chaise en chaise à cloche-pied jusqu'à ce qu'elle les retrouve.

Ce sans gêne n'était cependant pas habituel. Les réceptions de l'après-midi, quoique toutes simples et sans cérémonie, avaient très-bon ton. Elles devaient être bien agréables et intéressantes; madame Récamier y venait quelquefois dans son costume de ville favori, en velours bleu foncé, ajusté à la taille suivant la mode d'alors, avec un chapeau de satin blanc orné d'une longue plume retombant jusque sur l'épaule. Une autre figure pittoresque était celle de la princesse Belgiojoso qui évoquait le souvenir d'une Léonore de la Renaissance, avec sa robe à plis droits, ses grands yeux noirs et son étonnante pâleur. On raconte que la princesse, entrant tard un soir dans un salon où l'on faisait de la musique, s'arrêta immobile au seuil de la porte, pour ne pas interrompre le chanteur.

Ses vêtements de soie blanche, ses bijoux de jais, son immobilité, et surtout la pâleur de marbre, avec laquelle ses yeux et ses cheveux d'un noir intense formaient un contraste étrange, donnaient l'illusion d'un beau revenant. Quelqu'un murmura : « Qu'elle est belle ! — Oui, répliqua-t-on, elle a dû être bien belle lorsqu'elle était vivante. »

CHAPITRE II

Il y avait deux salons dans l'appartement de madame Clarke : l'un pour la
conversation, l'autre pour la musique, la
danse, le colin-maillard, les petits jeux, etc.
Quelquefois la musique imposait silence
aux causeurs, et tout le monde s'arrêtait
pour écouter. Parmi les amateurs qui obte-
naient ce triomphe, se trouvait madame
Andryame, la femme du compagnon de
captivité de Silvio Pellico, qui tenait alors
jeunes et vieux sous le charme de sa voix.
Le remarquable talent de la princesse de
la Moskowa, de la marquise de Gabriac,
de madame de Sparre, et d'autres encore,

contribuait au succès de ces soirées brillantes.

Un autre *dilettante* de grande valeur
était M. de Maupas, tout jeune à cette
époque, débutant dans le monde, non
rallié, et en qui rien ne pouvait faire deviner le futur ministre de Napoléon III.

Parmi les célébrités du cercle, Fauriel
était le plus en vue. L'ami de la maison par
excellence, il mérite une mention spéciale
dans cette esquisse du salon de Mary
Clarke. Né en 1772, il avait par conséquent
dix-huit ans de plus que Mary, et sa réputation d'écrivain hors ligne était déjà établie lorsqu'il fit sa connaissance. Le grand
philosophe Jouffroy disait des *Chants populaires de la Grèce moderne* de Fauriel :
« C'est un ouvrage que les littérateurs et
les historiens se disputeront, car il présente
aux premiers un monument poétique de la
plus grande originalité, et aux derniers des
documents authentiques sur un peuple in-

connu que l'Europe vient de conquérir au milieu de la Méditerranée. » Fauriel était d'une rare bonté, d'une conscience si excessive, que s'il s'élevait une question qui pût mettre, ou menacer de mettre, si peu que ce fût, ses principes en opposition avec les devoirs de sa place[1], son premier mouvement était d'échapper à la difficulté en donnant sa démission. Il l'avait fait si souvent que ses amis l'en plaisantaient. Un jour, Fauriel racontait que lui et quelques intimes s'étaient amusés à se distribuer des rôles politiques imaginaires; il allait dire celui qui lui était échu, lorsque Guizot l'interrompit : « Inutile, cher ami, nous le savons. — Eh quoi donc? fit Fauriel étonné. — Mais, naturellement, vous avez donné votre démission! »

Fauriel plaisait aux hommes comme aux femmes, et se faisait aimer également des

---

[1] Il occupait la chaire de littérature étrangère à la Sorbonne.

uns et des autres. Son intimité avec Manzoni nous donne un exemple touchant d'une mâle amitié qu'on ne rencontre pas souvent, même en France, où cependant elle est plus fréquente que dans d'autres pays. Les femmes les plus brillantes, les plus distinguées de son temps, l'admiraient avec passion : madame de Staël, par exemple, lui donna tout son cœur. « Ce n'est pas votre génie seulement qui me subjugue, écrit-elle à cet homme trop séduisant, ce sont plus encore vos sentiments qui créent votre pouvoir... vous aimez tous les nobles sentiments, et, quoique vous ne soyez pas, il me semble, d'une nature passionnée, votre âme, étant pure, se délecte dans tout ce qui est élevé. »

Si Fauriel ne répondit pas à ces avances dans des termes aussi chauds, c'est qu'il aimait madame Condorcet.

En 1802, son amitié pour la veuve du savant prit le caractère d'une passion des plus romanesques. Pourquoi ne l'épousa-t-il pas? C'était, et c'est encore un mystère. Peut-être n'y eut-il pas d'autre cause que cette prosaïque raison qui, dans tous les temps, a élevé une inexorable barrière sur la route de l'amour : madame Condorcet n'était pas riche, et Fauriel resta pauvre toute sa vie. Pendant vingt ans il l'adora comme Dante adorait Béatrix, avec une fidélité à toute épreuve. Elle mourut en 1822. Fauriel, le cœur brisé, chercha une consolation dans l'étude, et se réfugia dans son grand ouvrage, les *Chants populaires de la Grèce*. Ses amis le pressaient de voyager ; mais leur avis n'était pas facile à suivre. Cependant, un an après la mort de madame Condorcet, il se décidait à se rendre à Milan, chez Manzoni, qui l'avait invité à venir le voir. Quelques empêchements retardèrent son départ, et ce fut le 20 octobre 1823 seulement qu'il put écrire à son ami :

« .....J'ai déjà mon passe-port, et, sans pouvoir dire précisément le jour, je partirai, je l'espère, dans le courant de la semaine prochaine, et ne compte pas m'arrêter en chemin. Quant à vous dire quel plaisir j'aurai à vous voir, à vous embrasser tous, je ne le saurais et ne l'essayerai pas ; sachez du moins que c'est l'unique que j'aie désiré depuis un an. Je ne sais pas encore comment je partirai : on veut m'embarquer avec un grand seigneur russe que je ne connais pas, et qui aurait, dit-on, bien du plaisir à me mener en Italie, où il va ; mais je ne crois pas accepter cette manière de partir, lors même que je la trouverais commode. D'un autre côté, j'ai promis à deux dames anglaises, qui sont actuellement en Suisse pour aller en Italie, de les prendre en passant, dans le cas où je ferais le même voyage, et je ne sais pas encore bien à quel détour, ou à quel retard, m'obligera cette promesse..... »

Les deux Anglaises en question étaient
madame et mademoiselle Clarke. Fauriel
les rencontra en Suisse, et ils arrivèrent
ensemble à Milan pour y passer l'hiver, lui
chez son ami Manzoni, elles dans un hôtel
voisin. Mesdames Clarke furent reçues
tout de suite comme de vieilles amies, et
vinrent chaque soir chez Manzoni. La peinture que fait Mary de cet intérieur italien
est aussi charmante qu'une page de leur
hôte illustre :

« J'étais très-jeune [1], et, à cause de cela,
très-peu capable de juger d'un caractère
compliqué de plusieurs éléments différents
et profonds, l'hiver où ma mère et moi y
passions toutes nos soirées ; mais je dois
avouer que nous y jouions bien souvent
une partie de colin-maillard, Pierre et
Juliette (la fille aînée) et madame Manzoni,
qui, s'étant mariée à seize ans, était plutôt
la compagne de ses enfants aînés. Manzoni

---

[1] Elle avait trente-trois ans.

jouissait de ces parties autant que nous, à sa façon, mais ne s'y joignait pas ; il causait avec M. Fauriel et avec ma mère. Il me souvient encore, comme si c'était hier, qu'après une partie singulièrement animée, quand elle fut finie, il mit le bras autour de la taille de sa femme, disant : « Tu t'es bien amusée, ma femme », et qu'elle confirmait ce jugement. Le fait est que c'était un intérieur charmant. La personne qui répandait un grand charme dans cet intérieur était la mère de Manzoni, qu'on appelait donna Giulia. Quelquefois il y venait du beau monde, mais peu, ni lui ni sa femme n'y allant jamais. Madame Visconti, mariée alors en secondes noces avec le marquis Trivulzi, venait avec sa fille du premier mariage, qui épousa plus tard le prince Belgiojoso ; elle devait avoir de quatorze à quinze ans et passait pour la plus riche héritière de l'Italie ; elle était au-dessus du jeu de colin-maillard ; je le suppose, du moins, car quand ce beau monde venait, on ne jouait point ; je dois dire que ce sont les seules dames de la société milanaise que j'y ai vues ; il y venait aussi des hommes que j'ai oubliés. Les Manzoni ne sortaient jamais le soir, et faisaient si peu de visites qu'ils étaient regardés comme des sauvages. »

Après un hiver passé dans cette agréable société à Milan, mesdames Clarke proposèrent à Fauriel de faire un tour à Venise, où il trouverait sans doute (dans la colonie grecque) des documents pour son travail sur les chants populaires de la Grèce. Ils partirent tous trois par une belle matinée de printemps, et firent un délicieux voyage. Fauriel décrit à Manzoni les incidents du chemin, et leur première semaine à Venise :

« Je crains d'ôter à mademoiselle Clarke un plaisir, en vous parlant de ce qui nous est arrivé à Brescia. Un jeune homme qui nous reconnut facilement pour étrangers, à l'air dont nous bâillions au palais du *Consiglio commune* (*sic*) bâti par Palladio, s'offrit à nous avec une grande courtoisie pour nous montrer les choses notables de la ville, et nous acceptâmes avec reconnaissance ses offres obligeantes. Il nous fit tout voir, mais les deux choses qui nous firent le plus de plaisir furent les ruines d'un très-beau temple d'Hercule, dont on a déjà mis hors de terre une grande partie, et les restes du couvent où est morte Hermengarde ; mademoiselle Clarke n'aurait pas donné ces ruines pour celles du Capitole, et moi je les ai trouvées bien plus touchantes que celles du temple d'Hercule... Madame et mademoiselle Clarke ne parlent que de vous tous. »

Les voyageurs se séparèrent à Venise ; Fauriel se mit à errer seul à la recherche de son savant peuple grec. De Trieste il écrit à Manzoni :

« Je n'ai point reçu de nouvelles de mesdames Clarke depuis que je les ai quittées à Venise ; mais je crois que mademoiselle Clarke aura écrit à votre chère Henriette, qu'elle aime pour la vie. »

Nos amis se retrouvèrent encore en Toscane, et visitèrent Manzoni à sa campagne de Brusuglio avant de rentrer en France.

Le souvenir de ce séjour en Italie fut pour Mary un plaisir inépuisable ; elle conserva, autant que les circonstances le permirent, ses relations avec les Manzoni, qui de leur côté gardèrent une tendre amitié à la spirituelle Anglaise. Manzoni estimait très-haut son intelligence, et l'inscrivit sur la liste des huit personnes, toutes fort distinguées dans leur genre, auxquelles il envoya les premiers exemplaires de son *Adelchi*. Dans ses lettres à Fauriel il parle souvent de la « gentillissima e stimatissima » miss Clarke, et lui envoie les messages affectueux de tous les membres de sa famille.

3.

Habile et ponctuelle dans sa correspondance, quand elle ne pouvait pas communiquer autrement avec ceux qu'elle aimait, Mary servit quelquefois de secrétaire entre Fauriel et Manzoni, tous deux trop occupés pour écrire souvent, et Fauriel étant, de plus, très-paresseux. La lettre suivante, adressée à donna Giulia, nous montre Mary excusant ce défaut de son ami et cherchant à l'atténuer :

« M. Fauriel est toujours le même, toujours vous aimant, mais écrivant moins de lettres que jamais ; je crois que si vous pouviez prendre sur vous de lui écrire quelques lignes, cela ferait comme un coup électrique à un paralysé, et qu'il s'y mettrait ; essayez donc, ne fût-ce que pour faire une expérience. Si ma pauvre mère n'était pas si infirme et si maladive, ou si nous étions assez riches pour pouvoir voyager avec toutes nos aises, j'aurais été vous voir cet été ; j'ai eu une satisfaction si profonde, si mélancolique quand je vous ai vue, il y a deux ans, que je me suis promis de ne jamais rester tant d'années sans vous voir ; la vie est courte et ne renferme pas beaucoup de sentiments comme ceux que j'ai éprouvés en allant à Brusuglio ; il est bien fou de ne pas s'en donner, si on le peut. Le livre de M. Fauriel a eu beaucoup de succès pour un gros livre en quatre volumes bien graves, et point de circonstance ; je voudrais bien savoir ce que vous en pensez et comment vous le trouvez. Il publie une chronique des Albigeois et une traduction, ou plutôt, c'est M. Guizot qui le fait imprimer pour le gouvernement. M. Fauriel y a travaillé comme un cheval ; il n'en aura pas un sou et tout au plus un exemplaire : c'est une folie selon moi. »

Fauriel était sincèrement attaché à Mary ; mais il y avait dans l'affection de celle-ci pour lui une tendresse romanesque et profonde qui fit époque dans sa vie. La lettre suivante, sans date comme toutes celles de Mary, nous laisse voir combien elle avait à souffrir d'un sentiment si froidement partagé :

« Je suis souvent pénétrée de mélancolie à en mourir, mais ma vie serait fort douce si j'avais des lettres de vous... Je pense aussi avec douceur à bien des choses que vous m'avez dites cet hiver, et qui étaient englouties dans le moment par le feu qui me consumait. Peut-être les avez-vous oubliées. C'est probable, car elles m'importent bien plus qu'à vous. *D'ailleurs, on tue sans cesse et l'on donne la vie avec des paroles, sans s'en douter...*

« Si vous avez reçu de mes lettres, je vous supplie de m'écrire, car j'ai beau me raisonner, j'ai beau me persuader que j'ai des torts envers vous, que j'ai un mauvais caractère, qu'il faut que je supporte ce que j'ai mérité ; j'ai beau me dire que vous êtes occupé, que vous n'avez pas un moment, il n'en est pas moins vrai que je souffre une attente insupportable, que chaque jour voit renaître mes combats d'espérance et de crainte. La nuit, je rêve que j'ai une lettre que je vais ouvrir, et puis je me réveille toujours au moment de la décacheter. Cher ami, ayez un peu de sympathie pour moi... et donnez-moi quelque signe de vie. Dites-moi, au moins, pourquoi vous m'en voulez. J'ai été bien malade. Mon Dieu ! cela ne vous attendrit-il pas un peu ?... »

Il y a lieu de s'étonner qu'une amitié si passionnément tendre d'un côté, si fidèle et sincère de l'autre, n'amenât pas un mariage que, de part et d'autre, on était libre de contracter. En tout cas, elle fut assez forte chez Mary pour l'empêcher de songer à une autre union tant que Fauriel vécut.

M. Thiers s'était lié avec mesdames

Clarke dans les temps préhistoriques de la rue Bonaparte ; quand il arriva à Paris en 1821, à l'âge de vingt-quatre ans, il se fit présenter à madame Clarke, dans l'espoir d'obtenir un emploi par son influence. Elle lui fit faire la connaissance de Manuel, qui discerna aussitôt la valeur du candidat, et l'employa dans l'état-major de son journal, le *Constitutionnel*. La société de mesdames Clarke fut d'une grande ressource au jeune provincial isolé, et il devait tout naturellement s'éprendre de Mary. Il venait chaque soir et causait avec elle des heures entières ; il demeurait si tard, qu'à la fin la concierge perdit patience, et dit à miss Clarke : « Mademoiselle, si ce petit étudiant ne s'en va pas avant minuit, je fermerai la porte, et il couchera dans l'escalier. » Après cela, le petit étudiant fut congédié de meilleure heure. Quoique moins assidu plus tard, Thiers resta un des habitués de la rue du Bac.

Mérimée venait souvent s'exercer à parler l'anglais, qu'il étudiait avec ardeur. Madame Clarke l'aidait en lui montrant ses fautes, et Mary en s'en moquant.

M. de Tocqueville aussi était un habitué, comme Guizot, Cousin, Augustin Thierry, Benjamin Constant, Mignet, Bonetty, Edgar Quinet, etc. ; en somme, l'élite des hommes du jour. Mais parmi toutes ces personnalités, Jules Mohl réclame une attention particulière, non-seulement par son mérite et sa distinction, mais encore à cause du rôle qu'il devait jouer dans la vie de Mary.

La famille Mohl occupe depuis plusieurs siècles une place honorable dans la noblesse de robe de Wurtemberg. Elle est justement fière du blason qui lui fut accordé par l'empereur Rudolphe II en 1618. Le chef de la famille occupa pendant quatre générations un emploi dans l'État qui impliquait le rang et le titre de noblesse ; cette noblesse viagère fut rendue héréditaire dans la personne de Robert, frère aîné de Jules, dont il est question dans ce récit. Leur père fut ministre du roi de Wurtemberg. Leur mère, née Authenrieth, appartenait à une ancienne famille de Stuttgart ; c'était une femme d'un rare mérite, d'un esprit cultivé, un caractère viril, une âme élevée. La fortune des Mohl n'était pas grande, mais madame Mohl résolut de donner à ses fils, n'importe à quel prix, une éducation aussi brillante et solide que possible, sa noble ambition étant qu'aucun fils à elle ne fût jamais contraint de « vendre sa pensée ». Elle sut leur assurer à tous cette belle indépendance, et tous l'en récompensèrent en atteignant la distinction dans leurs carrrières respectives[1], et en

---

[1] Robert se distingua comme jurisconsulte et professeur à l'Université de Tubingue. Il publia plusieurs ouvrages fort estimés sur l'histoire et la politique.

Maurice s'occupa d'économie politique, devint conseiller supérieur des finances, et membre du Parlement de Francfort.

Hugo se fit une réputation comme botaniste : il était l'auteur d'un nombre considérable d'ouvrages sur la botanique et la physiologie.

vouant à leur mère la plus tendre et la plus
délicate affection.

Jules Mohl, dès son enfance, montra un
goût extraordinaire pour les langues et les
sciences orientales; son succès fut tel, qu'à
l'âge de vingt ans on lui offrit une chaire
de professeur à l'Université de Tubingue.
Il refusa, sous prétexte qu'il ne pouvait
pas encore enseigner ce qu'il apprenait seulement. « Je dois me sentir maître dans
les langues orientales, disait-il, avant de les
professer. »

Bientôt après, il obtint la promesse d'une
bourse au collége de Bénarès; il partit même
pour Londres afin d'y arranger son voyage
aux Indes; mais, par une cause demeurée
inconnue, tous les projets s'écroulèrent, et
au lieu d'aller à Bénarès, Jules repassa le
détroit et vint s'établir à Paris. C'était
en 1823. Il se livra à ses études préfé-
rées en suivant les cours de persan et d'a-
rabe de M. de Sacy, les cours de chinois

d'Abel Rémusat, et ceux de M. Burnouf, alors secrétaire de la Société asiatique.

Peu après son arrivée à Paris, il fit la connaissance de Roulain, savant distingué, avec lequel il se lia étroitement, comme le témoigne leur existence en commun pendant plusieurs années dans la plus parfaite harmonie.

Mais sa rencontre avec Jean-Jacques Ampère fut un événement important au commencement de son séjour en France. Ampère revenait précisément d'un de ses longs voyages. Il était le héros à la mode. Chacun voulait le voir, l'entendre parler, car il était le plus délicieux des causeurs. Jules Mohl le vit pour la première fois chez Cuvier. Tout à fait en verve ce soir-là, il éblouit son auditoire. On le mit sur le chapitre de ses voyages, on lui fit raconter des histoires, et tout ce qu'il disait était accueilli avec de chaleureux applaudisse-

ments. Jules Mohl ne savait qu'en penser.
Cela bouleversait toutes ses idées sur la
manière d'être d'un savant ; mais lorsque
Ampère, cédant à la prière générale, s'a-
dossa à la cheminée et commença à décla-
mer des vers de sa composition, excitant
les sentiments les plus enthousiastes, l'étonnement du tranquille et modeste étudiant
allemand fut à son comble. « Je n'en re-
venais pas », écrit-il à un ami, longtemps
après, « je n'avais jamais rien vu de pareil, et
quoique, depuis, j'aie été souvent présent à
des séances de ce genre, je ne m'y suis
jamais accoutumé. » C'était pour Mohl un
nouvel aperçu de la vie sociale, et du rôle
qu'y pouvaient jouer les hommes de lettres
et les savants.

C'est pourtant de cette première rencontre que date sa vive et profonde amitié
pour Ampère. Il se logea dans une chambre
à côté de la sienne, et ils vécurent presque
en commun pendant de longues années.

L'association, dissoute pendant les absences périodiques qu'exigeaient les voyages d'Ampère, se renouait à son retour ; alors le *ménage* des deux amis était fait par leur concierge et sa femme, M. et madame Félix. La dissemblance de leurs caractères ne nuisait pas à l'intelligence parfaite qui régnait entre ces deux amis de mademoiselle Clarke. Ampère était célèbre par ses distractions, et par une sorte de manque d'équilibre mental qui se traduisait dans le désordre de ses affaires extérieures. Mohl, quoique insouciant comme un enfant de toutes les choses de la vie, était très-ordonné ; il ne tenait aucunement à l'argent, mais il savait à un centime près ce qu'il avait et combien de temps cela pouvait durer. L'incapacité d'Ampère à voir ce qui se passait autour de lui tenait ses amis sur un perpétuel qui-vive. Un soir qu'il revenait de l'Abbaye, frissonnant par une froide nuit d'hiver, il ralluma son feu, s'assit pour se chauffer, empilant les bûches de bois les unes sur les autres, tant et tant qu'il mit le feu à la cheminée, et si bien que la maison manqua d'être incendiée. Ampère finit par s'apercevoir de quelque chose d'insolite. Il courut chez Mohl, qui gémissait en proie à une rage de dents, l'arracha de son lit et le somma d'éteindre l'incendie.

Les distractions de Mohl étaient moins dangereuses. Par exemple, il avait usé le tapis de sa chambre au point que les talons de ses bottes se prissent dans les trous et rendissent la marche périlleuse; quand madame Félix appela son attention sur cet état de choses, il alla acheter un tapis neuf, et pria poliment le tapissier de le poser sur le vieux, ne se doutant pas qu'il fallait l'enlever d'abord.

Ampère, partant pour ses expéditions sans fin, « dansant de par le monde comme un feu follet », disait Mary Clarke, cachait son argent dans ses bas, puis il oubliait sa cachette, chaussait ses bas, et l'argent roulait partout ; ou bien, il perdait le bas où il avait serré sa principale réserve ; ou bien encore, il égarait sa valise, se trouvait sans ressource dans quelque pays perdu, écrivait à Mohl d'aller toucher l'argent qui lui était dû et de le lui expédier au plus vite. Mohl, oublieux à un incroyable degré de ses propres besoins, mais le plus exact des hommes pour les affaires de ses amis, remplissait avec promptitude sa mission et y apportait un soin minutieux.

Quand les deux amis étaient réunis, ils travaillaient ensemble ; tous deux suivaient les cours de chinois de M. Rémusat, étudiaient d'autres sujets encore, et chacun bénéficiait des richesses intellectuelles de l'autre. En se rappelant cette époque, Mohl s'écriait : Ah ! c'était le bon vieux temps ! Sous une rude écorce, Mohl cachait le cœur le plus tendre. Il était la providence morale, matérielle même, de ses compatriotes malheureux, les assistant de ses conseils et, pauvre comme il l'était, leur donnant ou leur procurant un soulagement pécuniaire dans les instants critiques. Ce *bon vieux temps,* qu'il contemplait dans ses dernières années à travers les brumes enchanteresses du souvenir, était un temps d'austères privations. Il avait apporté avec lui son petit patrimoine, et l'avait placé, non pas peut-être dans ses bas, mais dans quelque banque d'accès facile et presque sans intérêts. C'était sa seule ressource, et il lui fallait avec cela vivre jusqu'à la fin de ses études ; il serait libre alors d'employer à gagner de l'argent une partie des heures que son travail absorbait. Devenu vieux et relativement riche, il racontait à M. d'Abbadie comment il avait appris à ne dépenser que cinq sous pour son déjeuner : il avait acheté un sac de pommes de terre, qu'il gardait dans un cabinet noir ; chaque matin madame Félix en faisait cuire une portion qu'il mangeait en salade avec du saucisson et un morceau de pain. Il ne prenait que ce seul repas à la maison, car il avait un habit qui lui permettait d'accepter chaque jour les invitations pressantes qu'il recevait. Un soir, il se mit à penser : « Que deviendrais-je s'il arrivait un accident à mon habit ? » Que de fois, disait-il plus tard à madame d'Abbadie, « que de fois, en passant cet unique habit, je frémissais à la seule pensée de mon infortune, si un malheur quelconque tombait sur lui ! Pendant des années, cet habit fut mon plus clair revenu. »

Mais ni son habit ni sa rigide économie n'empêchèrent le capital de diminuer. Il était réduit à la somme de deux mille sept cents francs, lorsque, un beau matin, un ami au désespoir vint lui emprunter douze cents francs. « Si je ne les ai pas à l'instant, je suis un homme ruiné, disait-il, et il ne me restera plus qu'à me tuer. » Jules Mohl était généreux comme la lumière du soleil, et tenait aussi peu à l'argent que possible pour un homme qui n'en avait guère; mais cette demande exigeait de lui une générosité et un désintéressement poussés jusqu'à l'héroïsme. Il expliqua sa situation, et pria son ami de voir, avant de lui imposer ce sacrifice, s'il ne connaissait pas quelque autre ami plus capable de lui venir en aide. Non, il n'en avait pas. Alors Jules donna l'argent ; mais quand il compta ce qui lui restait, le cœur lui manqua. Il se demanda avec effroi ce qu'il ferait lorsque son trésor si amoindri serait tout à fait épuisé. Heureusement le secours était proche. Un autre ami [1], instruit de sa situation précaire, alla trouver M. Villemain, alors membre du conseil royal de l'Université, lui décrivit le caractère de Jules Mohl, sa noble passion pour la science, son honorable pauvreté, et sollicita pour lui une des pensions destinées aux étudiants

1 J'ai lieu de croire, sans l'affirmer, que cet ami fut M. Guizot.

sans fortune. Villemain s'émut, et accorda une pension de trois mille francs. Jules était depuis quelques mois seulement en possession de ce Pactole, lorsqu'il fut nommé professeur de persan au Collége de France, avec cinq mille francs d'appointements. Cette distinction était rarement conférée à un étranger, et elle causa une grande joie dans le cercle de Jules, surtout à Mary Clarke. « Ne pourriez-vous pas, écrit-elle à Ampère, faire insérer dans deux ou trois journaux ce simple fait, que M. Mohl est le vingt-septième étranger naturalisé qui a été nommé professeur au Collége de France? Rossi[1] était le vingt-sixième, il l'avait compté, et en était sûr. Je vous en prie, faites cela sans le dire à M. Mohl, car il n'a pas le sens commun sur ce point. »

En effet, il donna dans cette occasion une singulière preuve de ce que beaucoup de

----

[1] Plus tard ministre de Pie IX, et assassiné par les carbonari à Rome.

gens traiteraient d'absence de sens commun. Il alla tout droit à M. Villemain, et, après l'avoir informé de sa nomination, il lui remit sa pension. M. Villemain prit le papier, regarda Mohl, et dit : « Je ne comprends pas.

— Je suis professeur aux appointements de cinq mille francs, répliqua Mohl.

— Je le sais et je vous en félicite, mais qu'est-ce que la pension vient faire là ?

— Je n'y ai pas droit plus longtemps; elle appartient maintenant à quelque étudiant aussi pauvre que je l'étais lorsqu'elle me fut accordée. »

M. Villemain comprit enfin ; il exprima son admiration pour le désintéressement de Mohl avec une telle chaleur, que le jeune homme en fut à son tour fort surpris.

Quarante ans après, Jules Mohl racontait l'incident à M. d'Abbadie comme une preuve de la corruption qui régnait parmi les hommes de lettres, puisque M. Villemain s'était tant étonné d'une action si naturelle.

De ce jour, M. Villemain conçut une profonde estime pour Jules Mohl, et il se plaisait à le proclamer en toute circonstance. Devenu ministre, il le consultait sur toutes les matières concernant les sciences orientales; s'il y avait quelque faveur dans son département, quelque mission que Mohl demandât pour un protégé, la chose était accordée aussitôt. Villemain signait les yeux fermés toutes les recommandations de Mohl. Il considérait son érudition comme inépuisable. Les explorations à Ninive et à Babylone furent conçues par Mohl sous le ministère Villemain et exécutées sur ses indications.

En 1844, M. Mohl succéda à Burnouf comme secrétaire de la Société asiatique, et fut élu membre de l'Académie des inscriptions et belles-lettres. Il vécut avec Ampère jusqu'en 1847, époque de son mariage. Il était doué de ce charme particulier qui fait aimer un homme par tous ceux qui l'approchent. « Il a la grâce d'une femme », disait-on de lui. Sa bonté, son oubli de soi, sa sincérité, sa puissante intelligence, son caractère aimable, sa conversation étincelante, sa bonne grâce innée sous sa simplicité brusque, en faisaient le compagnon le plus agréable, et le plus désirable ami. Voici le portrait que Sainte-Beuve nous a laissé de Jules Mohl : « Un homme qui est l'érudition et la curiosité mêmes : M. Mohl, le savant orientaliste, et plus qu'un savant, un sage ! Esprit loyal, clair, étendu, esprit allemand passé au filtre anglais, sans un trouble, sans un nuage, miroir ouvert et limpide, moralité franche et pure, de bonne heure revenu de tout ; avec un grain d'ironie sans amertume, front chauve et rire d'enfant, intelligence à la Gœthe, sinon qu'elle est exempte de toute couleur et qu'elle est soigneusement dépouillée du sens esthétique comme d'un mensonge. »

Une charmante et spirituelle Française dit de Jules Mohl que la nature l'avait formé avec la crème des trois nationalités auxquelles il appartenait par la naissance, l'adoption et le mariage : profond comme un Allemand, spirituel comme un Français, et loyal comme un Anglais.

La femme qui avait été aimée tendrement d'un tel homme, et attendue par lui pendant trois fois sept ans, ne pouvait pas être une femme ordinaire. Et elle ne l'était pas. Si Mary Clarke n'avait pas les hautes qualités intellectuelles de Mohl, elle était dans son genre aussi remarquable que lui. Chateaubriand disait d'elle : « La jeune Anglaise ne ressemble à personne au monde. »

La lettre suivante, assez curieuse, et qui porte en elle-même sa date, est la seule que j'aie pu découvrir de Mary Clarke à Jules Mohl :

« Paris, 5 août.

« CHER AMI,

« .....Je suis arrivée juste à temps pour la fête, c'est-à-dire le lundi soir, le 26, abîmée de chaleur et de fatigue. Tout le monde était dans la rue, mais il n'y avait pas mine de révolution. Le mardi je suis sortie à quatre heures, en omnibus, et toute la rue Saint-Honoré était remplie de peuple mécontent, mais sans armes ; presque toutes les boutiques fermées, et j'entendis quelques coups de fusil à cinq heures ; je rentrai vers six, ayant passé deux fois dans la rue Saint-Honoré, qui avait un aspect fort sinistre. Tout le monde était sombre, parlant en groupes. Si j'en juge d'après des gens qui couraient, il devait y avoir déjà grande émeute du côté du bas de la rue Saint-Denis ; enfin, à six heures et demie, nous entendîmes des feux de file qui durèrent une heure à diverses reprises ; puis des coups séparés qui cessèrent vers huit heures et recommencèrent un peu avant neuf heures et demie. J'étais très-inquiète pour le pauvre peuple, et j'allai sur le pont des Arts avec M. Fauriel vers dix heures. Il y avait des pelotons bien habillés de jeunes gens qui parlaient bas. M. Fauriel avait eu toutes les peines du monde à se frayer un chemin depuis chez G..., rue du Faubourg Saint-Honoré. Le joli, c'est que ledit G... avait dit que ce ne serait rien, et qu'il fallait se tenir tranquille; et c'est ce que firent tous les matadors de l'opposition tout mardi et tout mercredi, jusqu'au milieu de la nuit, et que le pauvre peuple se battait comme un enragé tout mercredi, sans armes que toutes les vieilles piques et hallebardes, bâtons, tout ce qu'il trouvait. J'ai manqué m'aller battre aussi avec votre sabre à sanglier.

« Le tocsin sonnait partout mercredi, les canons et les feux de file. Enfin, j'étais si tourmentée, j'avais une telle envie d'aller me battre que je m'en fus chez Joséphine, dont la maison est dans le beau milieu du plus chaud, pour savoir ce qui se passait. Vous n'avez rien entendu de plus terrible que le tocsin de Notre-Dame. Chez elle toute la maison était en alarmes; on se mettait aux fenêtres, et les troupes arrivaient en quantités sur la place Victoire, et tiraient alors; mais avant leur arrivée le peuple courait vers la place pour se battre; aux gardes nationales qui passaient il battait des mains; c'était un enthousiasme général; quand on se mit à tirer sur la place Victoire, je vis beaucoup de ces gens fuir que j'avais vus passer avant, et cela me mit le désespoir dans l'âme. Joséphine allait toujours disant : « Ah! voyez si ces gens-là « feront comme les Vendéens qui se jetaient « sur les canons, etc. » Enfin, les choses allaient toujours de mal en pis, du moins en apparence, et je fus obligée de rester coucher chez elle ; à six ou sept heures, j'avais fait une tentative pour revenir malgré tout le monde, car nous étions tous dans la cour à faire société ; dans les rues tout le peuple était armé et me criait : « Rentrez « chez vous, allez-vous-en ! Prenez garde ! » Et les coups de fusil allaient leur train dans la cour du Louvre, où les Suisses étaient retranchés comme dans une forteresse. J'avais tant envie de m'en retourner, que j'allais toujours, malgré les avis du peuple. Trois hommes fort mal mis me rencontrè-rent : je leur demande s'il y avait moyen d'arriver au faubourg Saint-Germain ; ils me disent que non du côté du pont Neuf, mais qu'il fallait faire une tentative par le pont des Tuileries, et qu'ils auraient soin de moi si je voulais. Mais, ma foi, j'étais moins en danger qu'eux, car quoique les soldats tirassent sur tout le monde, au moins ils y mettaient plus d'intention contre le peuple. J'allai, pourtant, un bout de

chemin avec eux, mais je vis de loin toute
une armée au-dessus du Palais-Royal
(j'étais dans la rue Saint-Honoré). Et puis
un cadavre qui était étendu par terre, cou-
vert, mais la jambe sanglante passant, me
fit penser qu'au total il valait mieux m'en
retourner chez Joséphine. Le jeudi je rega-
gnais la maison à six heures du matin, par
le pont Neuf, à travers les balles des Suisses
qui avaient nettoyé le quai supérieurement;
je vous réponds qu'on n'y voyait pas un
chat. Hors les quais, tout le chemin par où
je passais était rempli de peuple qui arra-
chait les pavés et travaillait en grande hâte
à faire des barricades, par-dessus lesquelles
je grimpais aussi vite que je pouvais, et je
courais, je vous réponds, comme un lièvre.

« Tout le monde me criait que j'allais
être tuée, me disant de m'en aller; mais à
leur honneur soit dit que tous m'aidaient
de conseils et me faisaient place pour passer
malgré l'extrême hâte dans laquelle ils

étaient, car tous se préparaient à une journée effroyable. *Et ce qu'il y a peut-être de plus curieux dans toute cette insurrection, c'est que personne ne se consultait, ni ne s'arrangeait, ni ne calculait.* Tous saisissaient des armes, arrachaient les pavés, se mettaient en pelotons pour aller prendre des postes, sans réflexions, et comme s'ils n'avaient fait que cela depuis qu'ils étaient au monde.

« Quand je revins, maman me dit : —Ah! mon Dieu, dites-moi donc des nouvelles; j'ai été dans des transes! — Comment, répondis-je, je vous avais pourtant bien dit que je ne m'exposerais pas. — Oh! répond-elle, je n'étais pas du tout inquiète non plus pour vous; c'est pour le peuple !.....

« A neuf heures, les canonnades, et les feux, et les tocsins, étaient vraiment effroyables. Il n'y avait pas moyen de rien savoir, car toutes les portes cochères étaient fer-

mées. Je criai par la fenêtre à un homme
dans le jardin. Il me répondit que c'était
l'Hôtel de ville qu'on prenait. Enfin, ce
tintamarre dura jusqu'à midi ou une heure,
à laquelle M. Fauriel vint. Il avait passé
la nuit, comme moi, dans l'autre quartier,
parce qu'il était allé pour me chercher chez
Joséphine, et d'abord n'ayant pas le bon
moment, n'avait trouvé que des coups de
fusil qui, à la vérité, ne l'avaient pas attrapé.
On ne voulut pas le laisser passer, et sur le
Carrousel, vers neuf ou dix heures du soir,
il rencontra Cousin et deux autres qui
étaient aussi sur le pavé. Ils trouvèrent
enfin à se loger dans un hôtel. Je ne finirais pas si je vous racontais toutes les
choses ridicules qui se sont passées : et
comment Cousin s'est moqué de l'insurrection et l'appelait canaille jusqu'au jeudi
soir, et comment Villemain et lui, et tous
les matadors, ont trouvé de l'héroïsme jeudi
soir, et vendredi matin se sont faits maires.

Ah ! il faut être juste : Lafayette, dès lundi soir, a envoyé chez G... pour dire qu'il était prêt à se montrer et demander ce qu'il y avait à faire, et c'est le seul, lui et son fils, à ce que j'ai pu découvrir, qui ait été prêt à s'y mettre sans calcul ni conséquences.

« Adieu, nous sommes fort contents ; les globules enragent contre le gouvernement actuel ; le peuple a plus d'esprit qu'eux, et s'est remis à travailler. Écrivez-moi tout de suite, je vous en prie.

« On a pris des omnibus pour en faire des barricades. Ils faisaient un effet magnifique couchés sur le côté. »

Fauriel mourut en 1844. Mohl, son ami depuis vingt ans, l'assista dans sa dernière maladie, et rendit compte de cet événement à Manzoni par la lettre suivante :

« .....Vous avez probablement su par M. Ferrari qui a partagé avec moi le soin de le veiller pendant sa courte maladie, les tristes détails de ses derniers jours. Il était devenu indispensable qu'il se fît opérer de son polype..... L'opération avait parfaitement réussi, et il se sentait si bien le lendemain qu'il eut l'imprudence d'aller à la salle des Antiques au Louvre, où il a, sans doute, pris un refroidissement qui a amené un érisypèle, dont il est mort au bout de huit jours. Je suis occupé à examiner l'énorme masse de papiers qu'il laisse, pour choisir tout ce qui est assez achevé pour que l'impression en fasse honneur à son nom. Malheureusement je n'ai pas encore pu trouver une rédaction continue de son *Histoire de la civilisation du Midi,* à laquelle il avait consacré tant d'années et toutes les forces de son esprit..... J'espère que vous me permettrez de vous envoyer ce que je publierai, à mesure que les volumes pourront paraître, car je sais bien avec quelle tendresse il vous était attaché, et que votre approbation était du nombre de celles auxquelles il mettait de l'importance.

« J'ai su par madame Arconati que vous avez eu la bonté d'envoyer à miss Clarke l'original du portrait que vous possédiez de lui, et je vous prie de croire que vous ne pouviez rien faire de plus gracieux pour la personne qui aimait Fauriel plus que tout au monde, et qui souffre de sa mort plus que qui que ce soit. Elle est en Angleterre et bien souffrante, ce qui l'aura peut-être empêchée de vous exprimer elle-même ses remercîments.

« J'ai l'honneur..... »

Mary Clarke éprouva une violente douleur de la perte de cet ami qu'elle avait aimé avec une passion unique dans sa vie. Il lui avait laissé sa bibliothèque et quelques papiers qu'elle prit beaucoup de soin à publier par la suite. Deux ans après la mort de Fauriel, elle perdit sa mère et se sentit bien

seule au monde. La vie de madame Frewen
Turner s'était écoulée si loin de celle de sa
sœur, que celle-ci était aussi isolée que si
elle eût été sans famille ; et d'ailleurs la mer
les séparait.

Un an après la mort de sa mère, elle consentit à épouser Jules Mohl ; elle avait cin-
quante-sept ans, et lui quarante sept. Ils évi-
tèrent de parler de leur mariage et prirent
autant de précautions pour le cacher que
des amoureux complotant un enlèvement.
La veille du grand jour, Mohl envoya à
son ami Prosper Mérimée un billet ainsi
conçu :

« Mon cher Mérimée, j'ai un service à
vous demander : faites-moi le plaisir de
venir demain matin à dix heures me servir
de témoin. »

Or, témoin, comme on sait, a deux signi-
fications ; Mérimée, ne pouvant imaginer

qu'un célibataire endurci comme son ami songeât à se marier, s'arrêta à la supposition plus improbable encore qu'il allait se battre. A l'heure dite, le jour suivant, il entrait dans la chambre de Mohl en s'écriant : « Pour Dieu, mon cher ami, avec qui vous battez-vous? » Mohl le rassura, et reçut les félicitations que Mérimée put lui donner en pareille circonstance.

Mary, de son côté, avait gardé un impénétrable secret. Elle dit à ses deux servantes qu'elle allait partir pour la Suisse avec un ami, et qu'elle resterait absente un mois. Le matin du mariage, elle s'habilla seule, mit sa plus belle toilette, et se fit conduire à l'église en fiacre. La cérémonie s'accomplit en présence des témoins; les nouveaux mariés se séparèrent à la porte de l'église, et chacun retourna dans sa demeure respective. Deux jours après, ils se retrouvèrent dans un restaurant près du chemin de fer, dînèrent avec leurs témoins et partirent pour la Suisse.

Un grand crime, commis au même moment, détourna de ce côté la curiosité du
public et empêcha les commentaires qui
n'auraient pas manqué d'accueillir ce mariage excentrique. « Heureusement pour
moi, disait madame Mohl, le duc de Praslin
tua sa femme, et chacun fut si occupé à en
jaser qu'on nous oublia tous deux. »

Le mariage ne changea en rien le cadre
de la vie de madame Mohl. Elle garda son
vieil appartement, qui était assez grand, et
transforma seulement la chambre de sa
mère en bibliothèque pour M. Mohl.

Peu de temps après ce mariage, Chateaubriand mourut. Il avait longtemps occupé
l'étage inférieur de la maison où demeuraient
mesdames Clarke; le voisinage donnait à
Mary l'occasion de continuer l'intimité com-
mencée à l'Abbaye, et il se passait peu de
jours sans qu'elle allât voir le poëte au moins
pendant une heure. Sa gaieté conservait le
privilége de l'amuser, et d'effacer les rides

que l'ennui creusait depuis longtemps sur son front assombri. Ils étaient rares maintenant, ceux qui savaient encore trouver le temps de visiter l'illustre écrivain, autrefois si adulé. Madame Récamier lui resta toujours fidèle. La santé de Chateaubriand déclina pendant longtemps, et, quand la fin parut approcher, madame Mohl pria madame Récamier de venir s'installer chez elle pour être à toute heure à portée de son vieil ami. Elle accepta et demeura trois jours. Elle s'asseyait dans la chambre du mourant, tournant vers lui, avec une indicible expression de douleur touchante, ses yeux sans regard, mais toujours beaux. Par le son de la voix seule elle savait s'il souffrait ou non. Jamais elle ne déplora si amèrement la perte de sa vue. « Dites-moi comment il est », répétait-elle sans cesse à madame Mohl. « Me regarde-t-il ? Paraît-il content de me voir ? Souffre-t-il ? » Elle assista à son agonie, et s'agenouilla près de lui pendant qu'il rendait le dernier soupir.

Madame Récamier survécut seulement un an à son ami. Pendant ce laps de temps, l'Abbaye fut comme un lieu abandonné, consacré au passé. Les meubles du salon même avaient l'air de se souvenir : là, à droite de la cheminée, le fauteuil où Chateaubriand s'asseyait solennellement; personne ne s'en servait plus; à gauche, le siége habituel du bon Ballanche. Tous étaient partis; et elle, qui avait été leur amie, leur femme lige, attendait son tour devant ces places vides. Il vint, terrible. Elle avait une peur effroyable du choléra; lorsque l'épidémie éclata, sa nièce, madame Lenormand, la décida à venir chez elle, rue Richelieu. Elle quitta l'Abbaye avec une certaine répugnance; à peine arrivée, le spectre qu'elle avait voulu fuir la poursuivit et la saisit. Elle mourut le 11 mai 1849.

Si cet événement fût arrivé plus tôt, il

aurait fait sensation dans le monde ; mais la politique et la récente révolution remplissaient tous les esprits, et, à l'exception d'un petit cercle d'amis fidèles, personne ne remarqua la disparition de la douce étoile qui avait brillé si longtemps et avec un si suave éclat au ciel de la société française.

Comme nous l'avons dit, Fauriel avait laissé à Mary Clarke certains manuscrits qu'elle se mit aussitôt en devoir d'examiner. Jules Mohl, avec une générosité digne de tous les deux, s'efforça de la seconder dans cette tâche qui devait augmenter la gloire de celui qui avait été si longtemps son rival.

Parmi ces papiers, il se trouva une série de lettres de Manzoni, depuis 1807 jusqu'à la mort de Fauriel. Ces lettres respiraient la plus tendre affection et une admiration qui s'élevait graduellement jusqu'à l'enthousiasme. Pourquoi, se demanda Mary, l'illustre Italien ne rendrait-il pas à la face du monde témoignage de la haute estime qu'il

avait pour son ami? Elle l'en pria aussitôt
avec ardeur; mais Manzoni, sans refuser net-
tement, éluda la question; Mary n'insista
pas, mais, après son mariage, elle alla jusqu'à
Milan et tomba un beau matin chez Manzoni pour répéter en personne sa prière. Il
n'était pas facile de refuser, et cependant il
refusa, non par manque d'affection, mais, au
contraire, parce que son intimité avec Fauriel était si profonde qu'il n'aurait pu parler
de lui sans se révéler lui-même. Bien des
changements étaient survenus depuis qu'il
avait ouvert son cœur à Fauriel; il était dur
à ce désabusé de se rappeler, cinquante ans
après, ses confidences passionnées sur les
sujets brûlants qui avaient enflammé la jeunesse de toute sa génération. Peut-être
aussi se joignit-il à cette difficulté morale
un peu de cette indolence sénile qui redoute
parfois l'effort de la mémoire pour faire re-
vivre le passé. Quoi qu'il en soit Manzoni
ne céda pas. Madame Mohl revint décou-

ragée, avec la conviction que, dans leur amitié inégalement partagée, comme cela arrive
si souvent, Fauriel avait donné bien plus
qu'il n'avait reçu.

Elle publia bientôt le livre de Fauriel sur
Dante, et pria Manzoni d'en accepter la
dédicace. Il est vraiment touchant de voir
avec quelle humble et tendre supplication
elle poursuit la glorification de l'ami qu'elle
avait perdu :

« Mon cher monsieur Manzoni », écrit-
elle, « il me semble si simple, si naturel de
ne point publier un ouvrage sur l'Italie par
M. Fauriel, sans l'assentiment avéré de son
ancien ami italien, que je ne puis trouver
un argument pour le prouver.

« D'ailleurs, tous les souvenirs sur cette
amitié qui était une partie de lui-même et
dont il m'a tant parlé, me jettent dans un tel
attendrissement que je perds la faculté
de raisonner, en écrivant, comme lorsque

je vous en ai parlé. J'ai la conviction que
si, dans l'autre vie, on sait ce qui se passe
ici, il serait lui-même touché de votre souvenir. Je vous prie d'accéder à ma demande;
je ne renonce pas à l'espoir de vous revoir
un jour : je n'ai jamais pu vous dire un mot
de la profonde satisfaction que j'avais de
vous voir; il me semblait presque le revoir
lui-même ; mais quelles paroles y a-t-il
pour exprimer de telles choses ? Je vous
prie d'agréer l'assurance de toute mon amitié.

                   « Mary MOHL. »

Avec cette lettre finit l'histoire de l'amitié qui avait tenu une si large place dans la
vie de Mary Clarke.

La révolution de 1848 marque une ère
nouvelle pour le salon de madame Mohl.
Dès 1830 il était un centre remarquable.
La révolution de Juillet avait été fatale à la
vie de salon, comme le sont toutes les révo-

lutions, et l'atmosphère politique continua à être orageuse bien après le changement des rois et l'affermissement de la nouvelle monarchie. Les relations sociales souffrirent de ces troubles jusque dans leurs profondeurs. De jeunes couples se disputaient au milieu d'un quadrille; une belle enthousiaste du prince exilé quittait brusquement un valseur du *nouveau régime*. Les salons survivants, comme ceux de madame de Boigne ou de la princesse de Lieven, devinrent de simples coteries politiques, ou des clubs dont les membres faisaient de l'opposition dans un sens ou dans l'autre.

Les légitimistes, retranchés dans leur camp du faubourg Saint-Germain, raillaient à huis clos les *traîtres* rattachés au roi bourgeois. Les traîtres étaient attaqués par des plumes trempées de fiel dans la presse quotidienne; de vieilles blessures étaient envenimées, de nouvelles s'ou-

vraient; la Chambre et les journaux se coa-
lisaient pour vilipender le gouvernement
et ses adhérents : c'était *bien porté* de faire
chorus à ces injures.

Néanmoins, cette période de dislocation
sociale fut une époque d'intense vitalité.
La vie nationale tirait encore ses éléments
productifs des classes dirigeantes, et cela
même maintenait dans la société une vi-
gueur qu'elle a perdue depuis que l'équilibre entre l'offre et la demande a été
rompu. Le grand besoin du moment était
d'avoir un terrain neutre où cette activité
latente pût se développer. Il fallait trouver
un champ libre pour ceux qu'enserraient
de tous côtés les barrières de l'antagonisme
politique. Un seul était ouvert où tous se
rencontrèrent : la finance. Faute de plus
nobles débouchés, la société se mit à faire
de l'argent.

L'argent a possédé le monde dès l'origine; il le possédera jusqu'à la fin; aux

jours des patriarches, comme à l'époque des croisades, c'était une puissance ; mais dans ces temps primitifs, au moyen âge, et même longtemps après, ce n'était pas encore une puissance suprême ; des forces plus hautes la tenaient en respect, et le gentilhomme restait au-dessus du parvenu vulgaire. Des remparts protégeaient la société contre les envahissements de *Plutus*. La naissance, par exemple, comptait plus que les sacs d'écus, et les foulait aux pieds. Ainsi le génie, ainsi la gloire. Ces choses, virtuellement au moins, avaient survécu à la tempête de 1793. Mais le nouveau règne leur porta le dernier coup. La chevaleresque devise « Noblesse oblige », emportée dans les plis du drapeau blanc, disparut avec lui. Le veau d'or eut des autels, et beaucoup s'inclinèrent devant lui, qui ne l'eussent pas fait autrefois. La France devint rapidement riche ; ses immenses ressources prirent un développement soudain et pro-

digieux ; les entreprises industrielles, com-
merciales, financières furent stimulées sous
Louis-Philippe comme elles ne l'avaient
jamais été sous les règnes précédents. Si
cet excès de richesse fut un bien pour le
pays, il fut aussi, dans un autre sens, un
péril. Les forces réunies de la société auraient pu faire tête à l'invasion de la pluto-
cratie, mais elles se divisaient contre elles-
mêmes. La vieille noblesse morose se
confinait dans sa dignité; les hautes classes
ralliées suivirent le torrent, et le torrent
menait aux choses pratiques. Des gentils-
hommes, dont les aïeux n'auraient touché
de l'argent que pour le jeter, se donnaient
aux affaires financières et se vantaient d'a-
cheter à leurs fils une part d'agent de
change. C'était le commencement d'une
révolution nouvelle, une épopée dorée suc-
cédant à l'épopée sanglante des premières
années du dix-neuvième siècle, et dont l'aventure Bontoux marqua de nos jours l'apogée.

Cette phase de mécontentement et de sentiments amers offrait une extrême facilité pour ouvrir un salon agréable où l'on pût respirer à l'aise en dehors de la pression politique. Mary Clarke, dégagée des liens de coteries et de partis, quoique fortement attachée au système parlementaire, saisit l'occasion avec ardeur. Le docteur Guéneau de Mussy, qui la connaissait bien, dit qu'elle avait une admiration passionnée pour la duchesse d'Orléans, et un vrai culte pour le comte de Paris, culte qu'elle basait sur les hautes qualités qu'elle lui reconnaissait.

Grande admiratice du roi Louis-Philippe, elle soutint, pendant son règne et après, que son gouvernement était le meilleur dont une nation pût jouir, et, suivant elle, la France avait été insensée de le renverser. Elle resta fidèle à ces convictions jusqu'à son dernier jour, et cependant ses amis se rappellent avec quelle violence elle accusa Louis-Philippe et son ministère à propos d'un vol de livres devenu fameux. Un bibliothécaire de l'État, nommé Libri, membre de l'Institut, déroba un nombre considérable de volumes de prix, manuscrits, vieux missels, exemplaires uniques, à Paris, Lyon, Bordeaux, etc., et continua ses déprédations pendant des années. Quand enfin il fut découvert, l'indignation de madame Mohl contre le gouvernement qui avait laissé faire tant de larcins sans s'en apercevoir, dépassa toute mesure. Elle vilipendait le Roi, les ministres, toute l'administration avec une telle véhémence, qu'un ami impatienté s'écria : « Ainsi donc, parce qu'il y a eu un fonctionnaire voleur, vous voudriez jeter à bas le Roi et le cabinet ! »

Cet emportement fougueux contre tout un régime, à propos d'une défaillance individuelle, caractérise bien sa manière de juger les hommes et les choses. Sous l'influence de l'impression du moment, et tant que cette impression durait, elle perdait de vue toute autre considération, n'écoutant aucun raisonnement, et disait bien plus qu'elle ne pensait.

Les étrangers qui la virent pendant cette crise sur l'affaire Libri emportèrent de Paris la conviction qu'elle haïssait Louis-Philippe, comme elle détesta plus tard Napoléon III; mais ce n'était qu'une ébullition passagère; elle s'apaisa, et revint à son attachement au roi libéral aussi fermement que par le passé. Il fut, en politique, son premier et dernier amour.

Cependant, la période la plus brillante de son salon date de la chute de Louis-Philippe, et ce fut aussi l'époque de sa première haine. Elle affirmait que le seul homme qu'elle eût jamais haï avec toute son âme et tout son cœur était Napoléon III; et cette haine ne s'éteignit jamais. Bien qu'elle ne fît pas de politique, et n'encourageât pas les discussions de ce genre, son salon prit un certain ton hostile à l'Empereur et à l'Empire.

Fronder est un plaisir pour nous tous; mais pour un Français, fronder le gouvernement est la plus douce des voluptés, et il suffisait de savoir qu'on la goûtait chez madame Mohl pour que son salon fût tout à fait en vogue. Les hommes d'esprit qui n'aimaient pas l'Empire, soit à cause de leurs convictions, soit à la suite de déceptions secrètes, allaient rue du Bac et se moquaient de « celui-ci », comme madame Mohl appelait l'Empereur, en accompagnant le pronom d'un geste méprisant du pouce par-dessus l'épaule, et ils étaient sûrs que leurs traits d'esprit seraient applaudis.

On ne se serait pas rencontré ailleurs, ou bien l'on se serait tourné le dos, mais on se voyait là sur un terrain neutre où un sentiment commun était un gage de paix. Un tel lieu d'asile serait impossible de nos jours; il était déjà un phénomène alors; et depuis, que d'eau a coulé sous le pont!

Le caractère éclectique du salon de madame Mohl (en dehors de l'opposition impérialiste) et sa nationalité étrangère lui rendaient plus facile de maintenir cette neutralité. C'était essentiellement un *salon d'esprit*. Quels que fussent vos principes ou vos opinions (sauf l'exception unique), si vous aviez de l'esprit, vous étiez bien accueilli rue du Bac. C'était l'attraction, on n'y allait que pour cela. Il n'y avait ni intérêts de parti, ni intérêts de personnes en jeu; les jeunes gens ne s'y rendaient pas pour se pousser dans leur carrière, ou pour courtiser les puissants du jour; tous, jeunes et vieux, y venaient pour s'amuser et se récréer. Ce brillant foyer intellectuel s'enrichit, au moment du mariage de madame Mohl, de tous les savants qui proclamaient Jules Mohl une de leurs lumières. Tous les hommes distingués dans les lettres, dans les sciences allemandes : Wolfgang Muller, Raumer, Ranke, Tischendorf, Helmholtz[1] et bien d'autres, furent à leur tour, et dans la mesure où ils le pouvaient, les habitués de la rue du Bac ; les membres de la grande famille scientifique européenne sollicitaient l'honneur d'être présentés à la femme de Jules Mohl, et grossissaient la liste de ses visiteurs.

Le salon de madame Mohl devint à partir de ce moment un des traits marquants de l'époque : c'est à l'honneur de cette époque que nous le disons. On a beaucoup blâmé la soif d'argent qui prévalut sous Louis-Philippe, et la frénésie de parade et de luxe qui se développa sous l'Empire ; il y avait du vrai dans ces critiques. L'ardeur de faire fortune et le besoin de paraître s'élevèrent à cette époque à un degré qu'aucune autre n'a atteint. La simplicité de la vie de famille

[1] Le célèbre physiologiste qui épousa plus tard la nièce de M. Mohl.

et de la vie sociale pendant le règne de Louis-Philippe, due à l'influence de la bonne et noble femme qui présidait sa cour, s'évanouit rapidement sous l'Empire, et fit place à un dévergondage de luxe qui changea le ton de la société, et laissa sur la nation une empreinte peut-être indélébile. La richesse des costumes devint si exagérée, qu'une femme n'osait plus porter à une soirée sans cérémonie la robe qui aurait été très-convenable aux réceptions de la reine Marie-Amélie. Le règne de la *crinoline* fut un autre désastre pour les Françaises; il envahit leur vie morale, abaissa leur caractère en détruisant leur influence, réduisit leur champ d'action et rétrécit le terrain de leur ambition. L'ambition de la femme en France, spécialement de son type le plus accompli, la *Parisienne,* avait été de briller, de diriger, de gouverner les hommes par son esprit, et elle y avait réussi pendant des siècles entiers.

Parfois prépondérante en politique, inspiratrice dans l'art, soutien pour la religion, ferme motrice partout où le cœur de l'homme est en jeu, elle avait stimulé l'action intellectuelle dans tous les temps. On l'avait admirée pour son esprit et son charme ; se l'entendre dire était la louange qui la flattait le plus. Mais la crinoline changea cet idéal de vanité féminine ; son ambition, sa première pensée fut dorénavant sa toilette, qui s'imposa en despote même aux femmes les plus raisonnables. Manquant de hardiesse pour s'y soustraire, elles en subirent le joug.

Cette exagération ridicule de la plus vilaine mode qui ait tourné en vraie caricature la créature humaine formée par Dieu, donna le ton à tout. Les paisibles soirées, avec une paire de lampes, un verre d'eau sucrée en été, une tasse de thé en hiver, firent place aux buffets dispendieux, aux soupers recherchés, et à l'éclairage *a giorno.* Les réceptions devinrent onéreuses à qui les acceptait comme à qui les donnait : en conséquence, ceux-là seulement continuèrent à recevoir leurs amis, qui pouvaient dépenser beaucoup, ou qui ne s'inquiétaient pas de régler leur dépense. Le résultat fut, d'un côté, un sentiment de gêne, d'irritation, d'aigreur; de l'autre côté, la satisfaction malsaine d'une vanité bêtement assise sur la richesse. La société française, qui, comme un foyer lumineux, avait rayonné sur toute l'Europe, n'y jeta plus qu'une lueur artificielle et fausse. Le bon ton diminuait à mesure que le flot de l'extravagance montait. Après avoir dépensé tant d'argent pour s'habiller, les femmes étaient naturellement anxieuses de l'effet produit par leurs robes. Trop absorbées par la préparation de cet effet, elles n'avaient plus le temps de « préparer leurs conversations », comme on accusait de le faire leurs aïeules du siècle dernier; elles

n'avaient même plus de loisir pour penser, préparation nécessaire et inévitable
de toute conversation digne de ce nom.
Avec les hommes, pères ou maris, par-
tageant ces mêmes préoccupations, les
mêmes causes amenèrent les mêmes résultats. En causant, ils étaient attentifs à
choisir les sujets qui plaisaient à leurs belles
partenaires; mais, règle générale, ils ne causaient plus; ils se tenaient à distance res-
pectueuse, entassés dans les portes, cou-
pant court à tout entretien, et laissant les
crinolines en pleine possession du terrain.

Il serait puéril, aussi bien qu'absurde et
injuste, d'attribuer la décadence de la conversation à l'unique influence d'un vêtement,
qui marqua seulement l'époque où tant
d'autres conditions contribuèrent à accé-
lérer cette décadence. La conversation périt
faute d'aliment substantiel et de stimulant;
la farine s'en alla du moulin dans toutes les
directions. Par suite des relations diplo-

matiques refroidies entre les autres cours et l'Empire, l'élément exotique s'éloigna : les relations étrangères, littéraires, mondaines et politiques, cessèrent de fournir leur contingent à la conversation. L'aristocratie boudait la nouvelle cour comme elle avait boudé celle de Louis-Philippe. Les jeunes gens n'entraient plus dans les fonctions publiques; ils se vantaient de ne rien faire, et, n'ayant rien à faire, ils n'avaient rien à dire; la chose publique n'était plus l'intérêt privé, et les sujets impersonnels n'étaient pas longtemps discutés. Quand toutes ces ressources manquèrent à la conversation, il lui resta si peu de chose qu'elle se réduisit aux lieux communs et aux *cancans*.

Tandis que la société, en général, se laissait entraîner dans le courant malsain de la frivolité et de la vanité, le salon de madame Mohl restait debout avec son attitude propre et son ferme relief. Il était une protestation permanente contre l'esprit et les tendances du jour, contre la sottise, l'argent, la vulgarité de tout genre. Pendant qu'on proclamait du haut en bas de l'échelle sociale que le luxe rendait impossible la simplicité des relations, que les plaisirs de l'esprit étaient une chose d'autrefois, qu'à moins de *recevoir,* dans le sens actuel du mot, personne ne viendrait plus à vous, cette vieille femme, sans rang et sans fortune, sans faste et sans train, dans un appartement au quatrième étage, très-simplement meublé, jouissait d'une position incontestée, et avait réussi à attirer chez elle tout ce que Paris avait de plus intéressant. Par le seul charme de son esprit elle réunissait autour d'elle les personnalités les plus remarquables, non-seulement de la France, mais du monde entier. Les célébrités de toutes les capitales de l'Europe se donnaient rendez-vous aux matinées du mercredi et aux soirées du vendredi de

la rue du Bac. Et cependant, les étrangers qui s'étaient efforcés d'obtenir une
invitation dans ce salon si réputé, étaient
quelquefois bien surpris en y entrant. Ils y
trouvaient quelques personnes seulement,
très-calmes, des hommes presque tous, la
plupart âgés, causant à la lueur de deux
lampes, dont le modeste éclat était voilé
par des abat-jour verts, par égard pour
les yeux fatigués de M. Mohl. Le seul
luxe de la pièce consistait en une grande
quantité de fauteuils de toutes formes et
de toutes dimensions. C'était un principe
chez madame Mohl qu'on ne pouvait causer
que confortablement assis. « J'aime que
mes amis soient à l'aise quand ils causent »,
expliquait-elle, si elle surprenait un coup
d'œil étonné s'arrêtant sur cet assemblage
de siéges disparates. Bonne théorie au
fond (madame Mohl l'appuyait à tort ou
à raison sur l'autorité de sainte Thé-
rèse) mais non pas infailllible. Sa con-

temporaine, madame Swetchine, chez qui l'on avait su faire la conversation, découvrit seulement peu de jours avant sa mort qu'elle avait fait faire pénitence à ses amis pendant trente ans sur des fauteuils bien durs, et leur en demandait doucement le pardon.

Les rafraîchissements du vendredi soir conservaient la sobriété et la simplicité de la mode d'autrefois : sur une table, dans un coin du salon, la théière et une assiette de biscuits. Excepté lorsqu'une des nièces gracieuses et accomplies de M. Mohl se trouvait là, madame Mohl préparait le thé elle-même, d'un bout à l'autre; elle faisait bouillir l'eau dans la cheminée, amoncelait la braise, y posait la bouilloire, et si elle apercevait quelque sourire chez ses hôtes nouveaux, elle leur disait : « Les serviteurs français ne savent pas quand l'eau bout, et si, par hasard, ils le savent, ils n'y attachent aucune importance. » Règle générale, elle ne permettait à personne de l'aider dans cette opération ; elle n'exceptait qu'un ou deux privilégiés, M. Guy Lestrange et un autre jeune Anglais. Ces deux messieurs étaient autorisés à lui apporter la bouilloire ; mais c'était tout.

La toilette des invités se réglait sur celle de la maîtresse de la maison : une robe de soie noire, revêtue depuis le matin, courte et sans soupçon de crinoline, à une époque où paraître un ballon qui marche était de rigueur pour toute femme qui se respectait. Il était difficile de faire de l'élégance, ou d'apporter la moindre prétention chez une femme qui vous recevait dans ce costume, et vous offrait un fauteuil qui avait beaucoup servi, le montrant parfois « aux coudes ». Poser, faire de l'effet autrement que par son esprit, c'était hors de saison dans un tel milieu. Madame Mohl ne remarquait pas ce qu'on portait, à moins que la somptuosité ne la choquât comme « ridicule et vulgaire, ma chère ».

Un Anglais, de passage à Paris, demanda à un ami qui le conduisait rue du Bac, s'il devait mettre une cravate blanche. « Madame Mohl ne verra pas même si vous avez une cravate, lui fut-il répondu ; tout ce qu'elle attend de vous, c'est que vous soyez aimable. »

En effet, elle n'exigeait pas autre chose de ses hôtes, et elle faisait tout son possible pour leur rendre la tâche facile. Son accueil était cordial, naturel, gai, séduisant. Elle était heureuse de vous voir, sans cela elle ne vous aurait pas invité, et elle vous le montrait bien. A peine entré, tout vous souhaitait la bienvenue. Madame Mohl se donnait toute à bien tenir son salon, mais si habilement qu'on ne la voyait jamais manœuvrer les fils. Et pourtant sa main était très-ferme. Il n'était pas permis de s'ennuyer chez elle, d'être fatigué ou fatigant ; il fallait contribuer au plaisir général, soit en parlant, soit en écoutant ; vous étiez

libre de vous taire, mais pas de vous ennuyer ; défense expresse de lorgner ; qui-
conque s'oubliait à une telle impertinence
était vertement tancé.

Chose très-rare sous le second Empire,
les hommes ne se formaient pas en groupes
dans les chambranles des portes, loin des
femmes pendant toute la soirée. Madame
Mohl n'aurait jamais toléré cette habitude
qui, comme le suffrage universel et d'autres
restes de l'Empire, a poussé de si profondes
racines qu'on peut craindre de ne jamais la
voir arracher du sol de la France. Tout
homme entrant chez madame Mohl n'avait
qu'un devoir à remplir, c'était d'être agréable.

Autre crime irrémissible : les tête-à-tête
dans les coins, ou les chuchotements à
deux ou trois, quand la conversation générale était en train. Madame Mohl n'était
pas contraire à la *flirtation*. Elle s'accusait
d'avoir été passablement coquette, « a sad
flirt », dans son temps, et elle était très-

indulgente pour ceux qui aimaient ce plai-
sir-là. Ils pouvaient s'y livrer à l'aise dans
un salon voisin consacré à ce jeu intéressant, comme autrefois à la danse et à la musique ; mais il ne fallait pas que la *flirtation*
gênât la *conversation*.

Les Anglais, les Anglaises surtout, exerçaient beaucoup sa patience par leurs chuchotements et leurs aparté continuels. En
général, les Anglais ne se doutent pas
du rôle que « savoir écouter » joue dans la
société. Ils ont la réputation d'être plus
taciturnes que les Français. Ils le sont, en
effet ; mais ils ne savent pas pratiquer cette
belle maxime d'un ancien : « Taisez-vous,
ou dites quelque chose qui vaille mieux que
le silence. » Ils ne savent pas, comme les
Français, se taire et écouter dans un salon.
Cette apparente inconséquence s'explique :
l'Anglais cause, le Français fait la conversation. Or, on cause mieux à deux ou trois,
sans auditeurs étrangers, dans un coin re-

tiré ; tandis que la conversation est une sorte de tournoi où les jouteurs s'exercent en présence d'une assemblée. L'Anglais jouit surtout de ces épanchements, de cet échange de pensées intimes, âme à âme, cœur à cœur ; le Français trouve un vif plaisir dans la conversation. Cette différence caractérise bien les deux races : la première mettant au-dessus de tout la mutuelle et secourable entente de l'esprit et du cœur qu'on appelle sympathie ; la seconde se plaisant dans les brillantes fêtes intellectuelles où elle jette tout son esprit et jouit de celui des autres, courant au bord des précipices, sautant les barrières, développant grâce, science, habileté devant l'auditoire qui contrôle, proteste, applaudit, tantôt jetant le gant, tantôt relevant les combattants et leur donnant le temps de respirer.

Madame Mohl avait vu à l'Abbaye ce jeu délicat dans toute sa perfection ; auparavant déjà et après encore, elle l'avait pratiqué avec les plus brillants causeurs de l'époque. Elle en avait recueilli la tradition, dont elle exigeait rigoureusement l'application chez elle. On procédait de la manière suivante : un habile causeur prenait possession du coin de la cheminée, cette tribune traditionnelle du salon français, et jetait la balle à quelque autre ; ces deux-là la gardaient, à l'occasion la passant à une troisième personne qui la saisissait au vol. Madame Mohl, qui ne montait jamais à la tribune chez elle, savait attraper adroitement la balle au bond, la prenait, la tournait, s'en amusait comme un petit chat, à la grande joie des principaux acteurs. Elle ne connaissait ni timidité ni *mauvaise honte*. Comme une enfant elle dardait à travers la discussion la plus savante son petit mot pour rire, une question comique qui trahissait peut-être une ignorance absolue du sujet, mais ne manquait jamais de l'animer.

Comparant la conversation à un **art,** madame Mohl dit dans un livre dont nous parlerons plus loin : « Nous remarquons à peine en Angleterre combien peu nous pratiquons ce genre de langage qui s'appelle proprement *conversation,* où ce que nous pensons est exposé à la lumière, et où nous trouvons le vif plaisir de faire jaillir les pensées d'autrui... La conversation est comme une mêlée d'esprits à esprits, et le champ le plus complet du développement de nos facultés sociales. Mais l'abus de lieux communs auxquels nous décernons souvent le titre de conversation en est aussi loin que les signes de Gaspard Hauser sont loin du langage ordinaire des hommes. »

Les plus remarquables causeurs du temps occupaient donc habituellement, rue du Bac, le coin de la cheminée. Ampère, Montalembert, Loménie, Cousin, Thiers, Barthélemy Saint-Hilaire, Mignet, etc., illustrèrent tour à tour le tapis du foyer. Il fallait une forte dose d'impudence ou de sottise pour gâter un tel plaisir par des tête-à-tête insignifiants. Les rares barbares qui avaient le mauvais goût de préférer ces derniers, apprirent bientôt à se retirer dans le salon voisin, où ils pouvaient jaser sans troubler la pure jouissance des autres. La conversation de madame Mohl elle-même était merveilleuse, unique dans son genre. Il est presque impossible de donner une idée de ce torrent de traits piquants, de ce flot de raison et de paradoxes qui s'échappait d'elle aussi spontanément que les étincelles sortent d'une bûche enflammée. Elle adorait la conversation, et elle lançait volontiers une bêtise, un enfantillage, pour aiguillonner l'esprit de ceux qu'elle écoutait parler. A ses yeux, l'esprit d'un homme de mérite était ce qu'est pour un archéologue passionné le sol qui renferme des ruines précieuses. Elle creusait cette terre avec sa brillante petite pioche, ravie à chaque frag-

ment de trésor qu'elle amenait à la surface,
ne pensant jamais à en tirer gloire, ni à
produire de l'effet. Son rôle était surtout
de faire valoir ses invités, les stimulant par
la contradiction, par l'approbation, la critique, la raillerie ; mais tout cela avec un
tact inimitable. Personne ne savait comme
elle agacer l'orateur du coin de la cheminée,
même s'il n'était pas en verve. Un soir, Loménie, qui avait été reçu à l'Académie le
jour même, et qui était par conséquent le
héros du moment, se trouvait là. Quoique
incomparable causeur, fatigué peut-être
par les émotions agréables de la journée,
ou pour quelque autre raison, il restait ta-
citurne. Mais madame Mohl n'entendait
pas laisser échapper une si belle occasion. Ses tactiques indirectes demeurant
sans résultat : « Allons, Loménie, s'écria-
t-elle tout à coup, racontez-nous quelque
chose ! » Loménie commença docilement
à « raconter », et rarement le tapis du foyer

vit bouquet d'étincelles plus éblouissantes.

On accusa quelquefois madame Mohl de ne pas aimer les Anglaises ; c'était très-injuste. Elle aimait ses compatriotes, et les admirait entre toutes les femmes ; elle déclarait hautement qu'il n'y avait pas d'amies plus fidèles ; mais elle ne se souciait pas de les avoir à ses soirées du vendredi. « Ma chère, disait-elle, elles manquent de savoir-vivre ; je ne puis les souffrir chez moi ; avec leur morgue, leur mauvaise honte, leur incapacité de se taire et d'écouter, elles ne sont pas faites pour figurer dans un salon. »

Un jour, madame Wynne-Finch demanda la permission d'amener une personne de sa connaissance, le vendredi soir. « Ma chère, répondit madame Mohl, si la personne en question est un homme, amenez-la sans hésiter ; mais si c'est une femme, réfléchissez bien avant de l'introduire ici, car de toutes les créatures du bon Dieu, il n'y en a pas de plus gênante dans un salon qu'une lady anglaise ! »

Madame Mohl rendait les Anglais responsables, pour une large part, de l'infériorité sociale qu'elle signalait si amèrement dans les femmes de son pays. Dans son petit livre sur madame Récamier, elle traite la question *con amore,* comme un grief personnel : « .....En Angleterre, l'homme ne se préoccupe que de la beauté et de la vertu de sa future femme. Il parle avec passion de celle qui le soignera et lui fera son thé : c'est sa femme ; il ne se soucie d'aucune autre, et personne que lui n'a le droit de s'y intéresser. En France, si la beauté et la vertu sont beaucoup pour un mari, il tient aussi à voir dans sa femme d'autres qualités dont la société tout entière profite aussi bien que lui. « A-t-elle de l'esprit ? » c'est la première question qu'on adresse, et le mari y est intéressé autant que ses amis, car non-seulement l'esprit de sa femme le charmera en tête-à-tête, mais encore il rendra sa maison agréable, y attirera une société choisie, et il n'existe guère de Français qui soit indifférent à ces avantages-là..... En France, le monde et la conversation sont toujours nécessaires à la vie. Je connais des hommes qui préfèrent la pauvreté à Paris à l'aisance plantureuse en province, parce que, pour eux, la plus grande jouissance est celle de l'échange des pensées.

« En Angleterre, le mari qui va au club trouverait fort étrange que le soir sa femme eût son petit cercle chez elle, et se fît raconter les nouvelles du jour, comme c'est la coutume à Paris. Elle n'a qu'à attendre tranquillement, seule, son retour..... Elles sont de toutes les époques, les plaisanteries sur les regards courroucés de la femme à qui son mari amène un hôte inattendu au moment du dîner; au fond, c'est tout naturel; le mari et son ami causent ensemble, à peine demande-t-on à la femme d'écouter; la présence d'un étranger la relègue donc dans une solitude absolue. En France, au contraire, c'est à elle qu'il s'adresserait; l'attention dont elle est l'objet stimule sa grâce et sa vivacité, et elle s'élève au niveau de toutes les questions qui s'agitent.....

« Je ne veux pas dire que les femmes ne soient pas traitées avec politesse dans la société anglaise; au contraire, j'ai été souvent frappée du ton chevaleresque et délicat avec lequel un homme aborde une femme et s'occupe d'elle; mais il le fait avec condescendance, pour elle, et par pure bonté, non pour son propre plaisir; elle ne lui en doit que plus de reconnaissance..... Un gentleman anglais aura plus d'égards même qu'un homme du monde en France, envers les femmes qu'il rencontre dans l'embarras ou dans un péril, car en Angleterre les révolutions n'ont pas détruit certaines habitudes d'éducation aristocratique; mais cette bonté chevaleresque est due à un sentiment de bienveillance pour les faibles. Tandis qu'un Français, même égoïste et peu porté à se déranger pour une femme sans protection, s'il devine l'intelligence dans son regard, essayera, pour sa satisfaction personnelle, de nouer conversation avec elle, et si son esprit est piquant, il se déclare son humble serviteur tant que le plaisir dure. L'Anglais évite, au contraire, tout commerce, excepté pour se rendre utile. Et qui l'en blâmera? Il aura fait plus que son devoir, et ce n'est pas sa faute si la société des femmes est sans attrait pour lui. »

Ce panégyrique aigre-doux de la conduite des Anglais avec les femmes ne fut certainement pas provoqué par le dépit. Les compatriotes de madame Mohl tenaient son esprit en aussi haute estime que les Français, et étaient même plus disposés qu'eux à passer sur ses bizarreries. Elle préférait, sans doute, la société et la conversation des hommes à celles des femmes, mais pas autant cependant que ses expressions exagérées pouvaient le faire croire.

Son exclamation favorite : « Je ne peux pas souffrir les femmes ! » répétée avec sa véhémence habituelle, ne s'appliquait qu'aux sottes. Elle était toujours prête à admirer une femme intelligente, sympathique, aussi bien qu'un homme intelligent et sympathique. C'était chez elle une idée fixe que les femmes ne sont bêtes que par leur faute, et par mauvaise volonté. Elle ne leur pardonnait pas, surtout, leurs perpétuels commérages. « Pourquoi ne s'occupent-elles pas de choses intéressantes ? Pourquoi ne font-elles pas travailler leur intelligence ? » s'écriait-elle en colère ; et si on lui objectait qu'elles n'avaient peut-être pas d'intelligence à faire travailler, elle reprenait plus furieuse encore : « Quelle bêtise ! A moins d'être née idiote, chacune a assez de tête pour ne pas être sotte. Pourquoi n'exercent-elles pas leur cerveau comme leurs doigts. ou leurs jambes? Elles cousent, elles marchent, elles dansent, pourquoi ne lisent-elles pas? »

Douce et indulgente pour l'ignorance modeste, surtout dans la jeunesse, elle s'empressait de prêter des livres aux jeunes filles, et les aidait à mettre en œuvre leurs facultés. Elle leur pardonnait même quand elles détérioraient ou perdaient ses livres ; méfait, par exemple, pour lequel M. Mohl était plus sévère qu'elle. Il séparait les honnêtes gens en deux catégories : ceux qui rendaient les livres empruntés, et ceux qui ne les rendaient pas.

Madame Mohl aimait beaucoup la jeunesse ; elle faisait des réserves toutefois à l'égard des garçons. Recommandant un jour un petit Anglais à des amis, elle leur écrit : « Ses parents l'admirent beaucoup, et il paraît assez gentil, pour un garçon ; c'est une variété d'animaux que je ne patronne pas, parce qu'ils font des wagons de chemins de fer avec mes fauteuils. » Mais elle aimait tendrement les jeunes filles, et entrait dans leurs plaisirs, dans leurs sentiments, avec cette vive et large sympathie dont les vieillards manquent souvent, et que madame Mohl sut conserver jusqu'à la fin. « Ces petites folles font de moi une folle ! » disait-elle quand elle se donnait beaucoup de peine pour les amuser. La simplicité inconsciente et naïve d'une jeune fille était pour elle quelque chose d'exquis ; elle jouissait de cette grâce de la jeunesse comme de tout ce qui est beau et charmant. Les petites-filles de sa sœur lui prodiguaient ce genre de jouissance. « J'ai avec moi une nièce de seize ans et demi », écrit-elle à son amie intime, madame Schérer, « son père est pasteur ; elle n'a guère vécu à la ville, est très-naïve, très-intelligente, curieuse de tout, excepté des bavardages

vulgaires (disposition rare chez une femme).
Je la garderai six ou huit mois, et probablement je la ramènerai l'hiver prochain. Je
voudrais lui donner une amie de son âge
dont je serais sûre, et je suis tout à fait certaine qu'elle vous plaira. Elle est si igno-
rante des choses du monde qu'elle s'étonne
de ne pas me voir rendre des visites à tel
ou tel homme que j'affectionne plus particulièrement. Vous me rendez assez justice
pour deviner que je ne témoigne aucune
surprise de ces discours; je dis tranquillement : Ce n'est pas l'usage. J'aime tant ce
mot « inconsciente » qu'emploie M. Schérer,
et qui nous manque absolument (il lui va
parfaitement, à elle!), j'espère qu'il obtien-
dra droit de cité. »

Les neveux et les nièces allemands par-
tageaient également les affections de madame Mohl avec les « nièces anglaises »,
comme les appelaient les habitués de la rue
du Bac.

M. Ottmar von Mohl[1] rappelle avec reconnaissance la tendresse de sa tante pour lui dès son enfance. Elle l'emmena en Angleterre, dans sa famille, pendant les vacances du collége de Bonn où il faisait ses études, et le conduisit ensuite dans une tournée de visites chez des amis. De sa sœur, madame Frewen-Turner, il garde le plus agréable souvenir : « Madame Frewen-Turner était une charmante femme, douce, à cheveux blancs, comme les portraits des belles vieilles dames anglaises; aussi dissemblable de tante Clarke (elle garda toujours ce nom à Cold-Overton) que deux sœurs peuvent l'être. Le château de Cold-Overton était une habitation du temps d'Élisabeth, avec de vastes pelouses, de larges avenues, une *rookery* et une jolie église gothique ancienne ; une intéressante et chère vieille maison. M. Charles Frewen

---

[1] Consul de l'empire germanique à Cincinnati, fils de Robert Mohl, frère de Jules.

(le second fils) vivait là après la mort de sa femme; ma tante et lui bataillaient sans cesse, surtout à propos de la possession d'une vieille épée, « le sabre de mon père », qui pendait à la muraille.

« Voyager avec ma tante en Angleterre était une rare bonne fortune. Une année (1864), elle m'emmena dans une grande tournée de voisinage chez les personnes les plus agréables; ses amies mesdames Bracebridge et Atherstone, lady Salisbury (maintenant lady Derby), à Hatfield, chez le docteur Jeune, évêque de Peterborough, chez lady William Russell; et partout ma tante était l'objet de l'intérêt et de l'attention générale. »

Si madame Mohl aimait la jeunesse, la jeunesse le lui rendait bien. Elle s'intéressait aux affaires d'amour, aidait aux mariages, pourvu qu'ils ne fussent pas des marchés. Son imagination romanesque ne tolérait pas facilement la mode française des mariages arrangés. Elle en reconnaissait les avantages, les résultats souvent heureux, la convenance avec le tempérament et les habitudes de la nation ; mais après avoir concédé tout cela, elle ajoutait avec un signe de tête confidentiel : « A tout prendre, ma chère, c'est trop prosaïque pour mon goût. »

Elle fit cependant une fois une tentative d'arrangement de mariage qui est restée célèbre parmi ses amis. Elle avait fait accidentellement la connaissance d'un jeune homme qui lui plaisait beaucoup ; l'entendant vanter hautement par d'anciens amis communs, elle l'invita à ses réceptions. Il vint, fut très-goûté, et madame Mohl décida en elle-même qu'il fallait le marier, lui très-riche, à une charmante jeune fille qui ne l'était pas. Elle voulut les réunir sans leur laisser soupçonner son dessein que personne ne connaissait ; mais le jeune homme manqua à l'appel ; madame Mohl

alors confia son projet et son désappointement à un tiers : « C'est de M. X... que vous
parlez? demanda le confident. — Oui, lui-
même. — C'est que... il est marié et il a
deux enfants ! »

Madame Mohl rit de bon cœur de sa
mésaventure, et jura qu'elle ne se mêlerait
plus jamais d'arranger des mariages.

CHAPITRE III

Comme toutes les femmes qui ont un salon très-recherché, madame Mohl était exposée à recevoir des fâcheux, des importuns ; mais elle avait le courage de s'en débarrasser. Sa formule familière : « Je ne puis pas souffrir les gens ennuyeux ! » rendait chacun attentif à être aussi aimable que possible en sa compagnie. Elle redoutait l'ennui, et le fuyait comme d'autres fuient le vice ou la peste, et le rendait responsable de beaucoup de crimes qui se commettent dans le monde. Il y a quelque chose de vrai dans cette exagération : bon nombre d'actions mauvaises peuvent être, sans aucun doute, attribuées à l'ennui ; on commence par tuer le temps parce qu'on ne sait qu'en faire, et, après ce premier meurtre, on tue beaucoup d'autres choses. Mais le principe de défense de madame Mohl contre l'ennui et les ennuyeux l'entraînait à une certaine aspérité de manières, à un degré de brusquerie qui dégénérait parfois en impolitesse. Un ami lui fit remarquer un jour que madame X... n'était plus revenue rue du Bac après une première visite, parce qu'elle s'imaginait que madame Mohl l'avait mal reçue : « C'est vrai, dit-elle ; je n'ai pas été aimable, et je ne voulais pas l'être ; cette femme est ennuyeuse et sotte, je ne veux pas de cette espèce dans mon salon. »

Mais, en même temps, elle évitait avec le plus grand soin les relations qui l'auraient amenée à l'extrémité désagréable d'agir comme une personne dure ou capricieuse. Quand on demandait à lui être présenté, une femme surtout, elle prenait une

peine infinie pour s'informer s'il n'y avait
rien à dire contre elle. La lettre suivante,
écrite à madame Schérer, est intéressante
comme preuve de ce système de prudence
préventive, et est en même temps une révélation de quelques-unes des opinions de
madame Mohl :

« Dites-moi si madame A... est une femme
convenable, et non une future madame Du
Devant. Car le premier roman de celle-ci
(*Indiana*) était dans le même genre, et elle
me plut beaucoup. Heureusement j'étais
trop jeune alors pour faire des connaissances de mon chef, sans cela j'aurais eu le
désagrément de briser avec elle. Dites-moi
donc si vous connaissez cette dame, et ce
que vous en pensez. Cependant, *je crois
qu'il n'est pas bon, en écrivant, de trop
approfondir la question des caractères;*
mais je dis que George Sand et cette dame
ont été malheureuses dans le choix des
hommes qu'elles ont rencontrés, car j'en

connais beaucoup de meilleurs, et je pense que si quelques-uns sont aussi mauvais qu'elles les font, les exceptions sont nombreuses pour les hommes aussi bien que pour la race sotte, vaine, malveillante, qu'on nous présente perpétuellement sous le nom de femmes.

« Quant à George Sand, pauvre femme ! je doute qu'elle ait jamais connu un homme avec lequel j'aurais consenti à causer pendant une heure ; il est douloureux de penser qu'une femme si distinguée a eu assez peu de tact pour vivre avec de pareils bohèmes.

« Vous rappelez-vous le caractère de Doriforth dans *Simple Story?* Je suis sûre qu'il est pris sur le vif. Je connais des hommes comme lui, et je ne doute pas que mistress Inchbald l'ait peint d'après nature ; c'est si beau, si personnel, si *vécu,* qu'elle le connaissait certainement, et je crois qu'elle s'est dépeinte elle-même dans miss Milner. Je l'ai lu cinq ou six fois, j'en parle en connaissance de cause. J'ai connu une dame qui était vieille quand j'étais jeune ; quand elle était jeune, elle a connu mistress Inchbald qui était vieille, et ainsi j'ai recueilli quelques traditions sur elle. Mais si vous n'adorez pas le génie qui a écrit *Simple Story,* je me tais. Mais de quel bavardage vais-je vous régaler là ! »

Elle était souvent brusque avec ceux qu'elle aimait le mieux, et tout ce qui lui tenait au cœur, elle ne pouvait s'empêcher de le dire ; mais elle était pleine de loyauté ; elle parlait en face, jamais en arrière. Ce sentiment de sécurité qu'elle inspirait à tous ceux qui la connaissaient, lui permettait de dire les choses les plus vives sans blesser ; les hommes lui pardonnaient parce que c'était une femme, et les femmes parce que c'était une originale. Ses amis, et ils étaient nombreux, regardaient comme une marque d'estime ses contradictions les plus virulentes, car elle n'aimait discuter qu'avec les hommes les plus intelligents; les quereller, c'était sa manière à elle de les flatter.

On demande souvent maintenant, comme on le demandait de son vivant, quel grand charme avait attiré et retenu auprès de madame Mohl, de sa jeunesse à sa vieillesse, tant d'hommes distingués dans une intimité étroite et durable. Peut-être son premier et plus irrésistible charme fut-il l'éclat. Cet éclat était le scintillement d'un esprit brillant comme une étoile, toujours en mouvement comme une source minérale dont les eaux jaillissent en étincelles d'argent. Ensuite, elle était d'un naturel parfait, elle était *vraie*. Il semble que ce soit peu de chose de dire d'une femme intelligente et raisonnable qu'elle était naturelle, qu'elle était vraie, et cependant de combien peu a-t-on le droit de l'affirmer? Madame de Sévigné (si je ne me trompe) disait : « Rien n'est beau, mais rien n'est difficile comme le simple. » Peut-être, dans notre siècle positif, est-il plus facile d'être simple, d'être naturel, que dans le *grand siècle,* où tout le monde marchait sur des échasses; pourtant, même à présent, il est très-rare de rencontrer des natures parfaitement sincères. Comme on en jouit quand on les trouve! Madame Mohl fut une de ces privilégiées. Elle avait de plus un caractère heureux, un goût vif pour la société, beaucoup de tact et une simplicité d'enfant. Toutes ces qualités constituaient une personnalité originale et attachante. Ceux qui la jugeaient sur son excentricité étaient disposés à expliquer la présence de tant d'hommes remarquables dans son salon par l'attrait de la société d'élite qui s'y rencontrait. Mais pourquoi les premiers y étaient-ils venus?

Un savant distingué, Allemand et fidèle admirateur de madame Mohl qu'il n'avait connue que tard, questionné sur ce charme dont elle était douée, répondit : « Son charme, c'est de ne pas en avoir. Je n'ai jamais connu de femme aussi dépourvue de charme, dans le sens ordinaire du mot, et cependant aussi séduisante ; aucun de nous ne la regardait comme une femme, nous étions avec elle sur un pied d'égalité, comme si elle eût été un homme. Son esprit était essentiellement masculin ; il avait une aptitude particulière, très-rare chez les femmes, à envisager tous les côtés d'un sujet. Madame Mohl n'attendait jamais de compliments. Cela nous mettait très à l'aise avec elle ; nous lui parlions sans faire de frais pour nous rendre agréables. »

Peut-être cette appréciation sur madame Mohl suffit-elle seule à expliquer l'attrait qu'elle exerçait. On a dit que son salon présentait une exception unique dans l'histoire des prééminences sociales. Des femmes d'intelligence médiocre ont fondé des salons et groupé autour d'elles, par le

prestige de la beauté, du luxe ou de la fortune, des hommes d'une haute valeur.
Mais madame Mohl ne possédait aucun
de ces avantages secondaires, quoique
réels ; son unique moyen d'action était la
fascination intellectuelle. « Sa pénétration,
dit notre Allemand, était si perçante, qu'elle
se lançait comme une flèche dans votre
esprit, s'emparait de vos idées, de vos vues,
les tournait et les retournait avant que
vous y ayez pris garde, vous en révélant
souvent des conséquences auxquelles vous
n'aviez jamais songé. »

Elle aimait de prédilection un très-petit
nombre de livres, les relisait sans cesse et
en saturait son esprit. Les autres, elle les
dévorait par un procédé trop rapide pour
être appelé une lecture, et ne cherchait
pas à se les assimiler ; encore esquivait-elle
ce travail pour recourir à une méthode
plus expéditive lorsque l'occasion s'en présentait. Si elle désirait connaître un livre

nouveau sans se donner la peine de le parcourir, elle amenait deux ou trois hommes
compétents à en parler devant elle ; ils
l'analysaient, le discutaient, et, quand ils
avaient fini, elle en savait autant qu'eux.
Mais elle ne se parait pas de cette science
empruntée ; elle disait loyalement : « Que
savez-vous sur ce livre ? Je n'ai pas le temps
de le lire. » Sa mémoire était si fidèle que
cette lecture par procuration lui servait
comme si elle l'eût faite de ses propres
yeux. Elle n'avait pas d'érudition, à proprement parler, mais elle était remarqua-
blement au courant de tout, et son instinct
subtil lui permettait de pénétrer d'un seul
jet au cœur d'une question dont elle n'avait
qu'une teinte légère. Les littérateurs et
les savants aimaient à lui parler de leurs
livres et de leurs travaux, parce qu'elle
avait la faculté de s'attacher à tout ce qui
est intéressant, mais ils ne cherchaient ni
ses conseils ni son appréciation, comme ils

le font quelquefois auprès de femmes qui, loin d'être aussi *spirituelles* que madame Mohl, sont pourtant douées d'un sens critique plus fin.

Nous voyons, par son propre témoignage, avec quelle application elle lisait lorsqu'elle s'y mettait sérieusement. Quand M. Ampère lui envoya son *Histoire romaine à Rome,* elle lui écrivit : « J'ai reçu vos beaux grands volumes. J'ai lu l'introduction qui m'a beaucoup plu, et je suis en train de lire le livre ; mais c'est un de ces livres que j'étudie, ce qui est tout autre que lire. J'ai ma carte de Rome moderne (que j'ai vue), je compare avec les vôtres et je relis le texte deux fois. Je ne jouis parfaitement d'aucun livre que comme cela. J'ai l'esprit lent, et j'ai besoin de me pénétrer du sujet; *parcourir* un livre m'est insupportable, excepté en vue de recommencer. J'ai l'habitude de copier des morceaux, de voir les livres cités. Aussi, quoique je sois toujours

8.

au milieu de livres, je lis peu tout en lisant beaucoup. Enfin, en fait de livres, j'ai des amis et peu de connaissances ; mais je déteste les livres courts, car ayant fait tout cela pour être bien avec ces amis, je n'aime pas qu'ils partent tout de suite. »

Madame Mohl n'avait pas de talent, et encore moins de goût, pour écrire. C'est en partie à cela que je dois d'avoir un si petit nombre de lettres d'elle ; elle écrivait peu. Elle n'entretenait de correspondance régulière avec personne, et n'écrivait à ses amis que pour une chose urgente, ou pour avoir de leurs nouvelles. L'intéressante lettre qui suit, adressée à Ampère pendant un de ses séjours à Rome, est sans date, comme presque toutes celles qui nous restent :

« Je vous prie de mettre toute votre amabilité en avant pour la dame qui vous donnera ce billet, lady William Russell. C'est une belle-sœur de lord John. Elle a

de l'esprit et parle le français parfaitement.
Elle est venue, comme moi, à l'âge de trois
ans en France ; ensuite elle a été en Autriche, de façon qu'elle a une éducation
tout européenne. Le mari était ambassadeur à Berlin, et avant cela à Stuttgard.
Les fils ont été élevés à Berlin ; elle a vu
jouer la comédie de madame de Staël étant
petite fille. Elle a été extrêmement jolie, et
il y paraît encore, de façon que les rois lui
faisaient force cour, et, en somme, elle a eu
un peu le genre de vie de notre chère madame Récamier. Elle a connu tous les gens
distingués. Je suis sûre que vous en serez
enchanté.

« Son fils, Odo Russell, est *attaché* du
ministère anglais[1] à Florence, *détaché* à
Rome ; c'est, à ce qu'il paraît, une fiction
diplomatique pour permettre une commu-
nication furtive entre notre nation évan-

---

[1] Madame Mohl voulait dire attaché à la légation d'Angleterre. Je laisse ses expressions, quelquefois incorrectes, telles
qu'elles se trouvent dans ses lettres.

gélique et votre — Babylone, et qui empêche le scandale d'envoyer un ministre chez des idolâtres.

« Si, par accident, lady William n'y allait pas, ce billet vous sera remis ou par ledit fonctionnaire, qui est jeune, gentil et spirituel, ou par son frère Arthur, qui a des qualités du même genre. Mais j'espère bien que vous verrez la dame, dont la conversation vous rappellera nos anciennes causeries.

« M. Mohl médite toujours une énorme lettre pour vous; mais il a tant à faire, que, quand il a un moment de répit, il cause pour se reposer un peu. Il est sur un nombre illimité de commissions ; il enrage. Ah ! Monsieur Ampère, que vous êtes un homme *sage!* Mais nous sommes plus *vertueux* que vous; nous restons pour faire résistance aux flots de platitude qui semblent tout submerger. Je connais quelque peu de gens qui, étant employés autrefois, n'ont pas eu le pouvoir de vivre d'air, et sont restés dans leurs emplois ; eh bien, personne n'est si indigné qu'eux, car ils voient tout ici de plus près que nous autres haineux qui nous tenons dans nos coins. Encore quelques années, et on ne saura plus distinguer le bien du mal. On écrit des romans qui ont de grands succès (à ce qu'on me dit), d'une bassesse de sentiment moral inconcevable. Un qui s'appelle *Fanny*... mais je n'en finirais pas.

« Nous voudrions bien que M. de Loménie fût de l'Institut. Il faudrait pour cela qu'il fît quelque chose, — et il n'a pas le temps, il dit — quelque morceau un peu plus littéraire. Je suis sûre qu'il passerait facilement ; on lui veut du bien ; c'est un honnête garçon. Il faudrait que vous fussiez ici lorsque cela se fera.

« Je n'ai pas le temps d'écrire plus long. Tâchez donc de nous écrire un peu, ne fût-ce que pour nous montrer que vous n'avez pas oublié ce pays-ci.

« Adieu, mon cher monsieur Ampère. Je

vous embrasse, en signe de notre ancienne amitié, de tout cœur. »

Voici une autre lettre à Ampère qui exprime bien les sentiments de madame Mohl et sa manière emphatique de les énoncer :

« Vous ne savez pas comme j'abhorre les Hongrois ! C'est la plus indigne canaille que j'aie encore vue, et je les ai *vus* chez eux. Or, rien n'est impatientant comme d'entendre l'admiration et l'enthousiasme des Anglais pour ces gens-là. Parce que quelques grands seigneurs les reçoivent bien et les envoient de châteaux en châteaux dans des carrosses à quatre chevaux, dont les paysans fournissaient les chevaux, comme au moyen âge, ils disent : « Voyez « quel galant peuple ! » Dieu sait que la corruption moderne la plus entière est greffée sur ces galanteries féodales. Mon Dieu,

j'admire le moyen âge autant que qui que
ce soit; mais je le veux avec foi, et non uni
au socialisme et à la fureur de monter des
classes ignorantes et basses. Il faut voir
cela pour en avoir une idée. Tout leur pa-
triotisme est à avoir un costume. Il y en a
un ou deux seigneurs héroïques, comme
Szechenyi[1], et il est devenu fou de chagrin de voir pour qui il s'était sacrifié. Les
Autrichiens sont absurdes; c'est-à-dire le
gouvernement est dégoûtant, car le peuple
est bon; mais il n'y a aucun espoir, je crains,

[1] Le comte Szechenyi était un homme des plus remarquables.
et méritait pleinement la bonne opinion que madame Mohl avait
de lui. Grand bienfaiteur de son pays, pionnier de la civilisation,
il apprit à construire des ponts, à creuser des canaux, créa la navi-
gation sur le Danube, régénéra la langue et détruisit certains restes
du moyen âge que madame Mohl attaquait vivement. Patriote
ardent, il était serviteur dévoué de la maison de Habsburg. Il
aurait réussi à rétablir l'unité de la Hongrie, sans la laisser ab-
sorber par l'Autriche. Une preuve de sa sagacité politique et de sa
prévoyance, c'est que le but auquel il tendait a été atteint depuis,
à la grande satisfaction de tous ceux à qui il s'adressait. Quand
les événements de 1848 semblèrent rendre impossible la réalisa-
tion de son rêve, que l'Autriche et la Hongrie se rencontrèrent
sur un champ de bataille, Szechenyi perdit courage et devint fou.
Il voyait sa patrie irrévocablement perdue et s'accusait lui-même
d'avoir causé sa ruine. Pendant qu'on le conduisait dans une
maison d'aliénés, il essaya de se suicider en se jetant dans le

à fonder sur ceux qui s'y opposent ; aussi, je finis par tâcher de ne m'occuper de rien, car ici aussi je suis au désespoir ! Je lis des livres et traîne mes sentiments comme je peux ; mon seul plaisir, c'est la musique. »

C'était là presque son unique dissentiment avec M. Mohl. Elle aimait passionnément la musique, et lui la détestait. « Les bruits naturels ne me gênent pas, disait-il ; mais je ne puis supporter les bruits contre nature, comme la musique. » Il se délectait au tapage assourdissant du pavé de la rue dans les quartiers les plus bruyants de la ville ; il trouvait cela *naturel*. Il rencontra

Danube ; mais on l'en retira. Il passa de longues années dans cet asile, où il recouvra partiellement la raison. Des amis l'informaient de tout ce qui se passait, et, dans ses intervalles lucides, il conférait avec les législateurs et les hommes d'État, publiait des pamphlets, écrivait des articles publiés par le *Times,* et quoique enfermé dans une maison de fous, il se montrait au courant des affaires et capable de les administrer plus qu'aucun de ses contemporains. Enfin, en avril 1860, une visite de la police, à laquelle il était soumis par ordre du gouvernement autrichien, provoqua un nouvel accès de démence, et il se brûla la cervelle d'un coup de pistolet. Un immense concours de peuple accompagna ses funérailles ; sa popularité, un instant effacée par la véhémence révolutionnaire de Kossuth, grandit après sa mort, et il redevint encore l'idole de la nation, *le grand Magyar.*

un jour Jenny Lind, à Londres, chez une amie commune, et causa longtemps avec elle ; puis on annonça que la grande artiste allait chanter. M. Mohl s'esquiva aussitôt dans la salle à manger ; quelqu'un l'y trouva et lui dit tout étonné : « Vous ne venez pas entendre Jenny Lind ? — J'ai causé avec elle, répondit M. Mohl, et j'en suis très-heureux, mais je n'ai guère envie de l'entendre chanter. Quand ce bruit sera fini, je remonterai au salon. »

Plusieurs fois on avait pressé madame Mohl d'écrire ce qu'elle savait sur madame Récamier, mais elle avait toujours refusé, craignant d'être indiscrète en racontant la vie de son amie. A cette date, le mystère de la vie privée était encore sacré, et madame Mohl reculait à la pensée d'exploiter son intimité avec madame Récamier, comme d'autres ont été accusés de le faire. La publication de la vie et des lettres de madame Récamier par sa nièce, madame

Lenormand, leva ce scrupule. Madame Mohl regarda comme un devoir de sortir de sa réserve, et de redresser certaines impressions inexactes que cette publication, conçue, cependant, dans un esprit des plus élogieux, avait répandues dans le public à son sujet. Elle écrivit alors sur sa vieille amie, dans une revue anglaise, une charmante étude, qu'elle réunit ensuite en volume avec quelques autres esquisses sur le caractère français et sur la société de son temps. Dans la préface de son livre, à propos du volume de madame Lenormand, intitulé : *Vie et lettres,* madame Mohl s'exprime ainsi :

« Cet ouvrage fit naître en Angleterre une masse de jugements erronés et de fausses conclusions ; je me sentais mal préparée pour la tâche que je m'imposais en y répondant, à cause de ma longue habitude de la langue française ; mais mon amitié pour madame Récamier, et dix-huit ans d'une intimité de tous les instants avec elle, m'enhardirent à montrer son caractère et les événements de sa vie tels que je les connaissais. »

Un des premiers exemplaires de son livre fut envoyé à Ampère. En le lui adressant, elle lui écrivait : « Il est si court que j'en ai honte ; mais je n'étais possédée que par une idée : l'incapacité d'attention du public. Et puis, c'est la première fois que je lui tâte le pouls, à ce public, et je me gouvernais sans cesse pour abréger. Je crois que j'ai eu tort d'omettre bien des choses et des développements que j'avais écrits. Je vous prie de vous rappeler, en le lisant, que ce livre est fait pour l'Angleterre, que bien des choses sont inconnues là-bas qui sont très-connues ici. Je ne leur dis point tout à fait : « un certain poëte appelé Shakespeare », comme vous m'accusiez de faire ici, et une ou deux personnes à qui je l'ai donné à lire là-bas m'ont fait des questions qui vous auraient bien étonné...

Enfin, ce livre est inspiré en grande partie par l'impatience de voir ce qu'il y a de plus fin et de plus élevé dans le caractère français parfaitement ignoré en Angleterre. Pour vous, cet idéal est un lieu commun vieilli. Veuillez donc, mon cher Monsieur, me savoir gré de l'intention, et excuser l'exécution, comme fait le bon Dieu, et comme les hommes ne font pas. »

Ampère, très-content de ce travail, assaisonna pourtant son éloge de quelques critiques sur certains points. Madame Mohl accepta les remarques de bonne grâce, comme elles étaient faites, et répondit :

« .....Je suis si loin d'être mécontente de votre sincérité que je vous en ai grande obligation, parce qu'elle me donne l'occasion de vous expliquer ma pensée. Vous êtes la seule personne qui y ait droit, car s'il y a dans ce monde un parfait dévouement sans arrière-pensée, sans garder une obole comme Ananias et Saphire, c'est vous qui l'avez eu, c'est vous seul. Madame X... et la plupart de ceux qui entouraient madame Récamier ont profité d'elle de toutes les manières ; mais vous vous êtes tout donné, et j'admire plus que vous ne pouvez le savoir cette parfaite amitié..... Je me suis abstenue de défendre ce pauvre Benjamin Constant sur lequel X... verse tout le venin de sa vertu, et cela m'a coûté, car je l'aimais beaucoup, et il était grand ami de M. Fauriel..... J'ai gardé le silence aussi sur cette affiche de ducs et de princes qui rappelle les cartes dans les glaces des petites gens qui y mettent leurs connaissances titrées, et jettent les autres cartes au feu... Pourquoi ne pas nous raconter les dernières vingt années de la vie de madame Récamier qui étaient les plus originales ? Ses succès n'étaient plus dus alors qu'à son caractère et son esprit. La beauté et la richesse donnent des succès partout. »

Madame Mohl, dans son récit, décrit l'art

admirable de madame Récamier pour enta-
mer et conduire la conversation, et rappelle
qu'elle devait une bonne part de son succès
à madame de Staël, qui disait souvent : « Je
n'ai pas bien dirigé la conversation aujour-
d'hui », ou l'inverse. L'intelligence de madame Récamier n'approchait guère de celle
de son amie [1], madame Mohl en convient,
mais elle parle de son tact comme incomparable. « Si un *mot* était particulièrement
heureux, madame Récamier le prenait et
le faisait valoir, comme un connaisseur une
peinture. Si elle savait une anecdote amusante, elle la faisait conter par un autre,
quoique personne ne racontât comme elle.
Nul ne s'entendait aussi bien à montrer cha-

---

[1] Madame Mohl professa toute sa vie une sorte de culte pour
l'auteur de *Corinne :* « Je suis si reconnaissante à votre mari de
rendre justice à la sainte de mon enfance et de ma jeunesse ! »
écrit-elle à madame Schérer, à propos d'un remarquable article
du *Temps.* « Sa famille, par excès de pruderie, a fait régner le
silence autour de son nom, et se doute bien peu des additions
que la rumeur publique a faites à ces faiblesses, qui seraient
vite réduites à leurs justes proportions si on laissait paraître la
vérité telle que je la connais. »

cun sous son jour le meilleur ; et si elle
avait pu pénétrer jusqu'au fond des esprits,
elle en aurait retiré tout ce qui lui paraissait
avoir de la valeur. C'était là son grand talent ; et comme celui qui parlait était mis
en verve par le succès, il s'animait davantage, ses idées abondaient, et les mots cou-
laient rapidement. » Ceux qui se souvien-
nent encore de ce qu'était madame Mohl
dans son salon reconnaîtront à cette description le modèle qu'elle copiait avec succès.

Elle fit suivre ses *Souvenirs de madame
Récamier* d'autres études qu'il eût été
mieux peut-être de publier auparavant : un
traité de l'âge de la chevalerie et de ses
effets sur le caractère et la situation des
femmes ; plusieurs esquisses sont consa-
crées à quelques Françaises remarquables
dont elle observe les salons au point de vue
de leur influence sur le mouvement social.
Elle dit de la marquise de Rambouillet :

« Parmi toutes les femmes distinguées

du dix-septième siècle, madame de Rambouillet mérite la première place, non-seulement par ordre de date, mais encore parce qu'elle a jeté les fondements de cette longue série de *salons,* qui a été, pendant deux cent cinquante ans, une institution réelle, inconnue aux anciennes civilisations. L'esprit naissant d'échange social se révélait ; l'amélioration dans l'éducation des femmes des plus hautes classes, et par-dessus tout le goût très-marqué pour la société, aidé par la prospérité du règne de Henri IV, peuvent avoir formé des *salons,* mais les qualités individuelles de la marquise de Rambouillet donnèrent au monde d'alors l'empreinte morale qui reste, en dépit de toutes les imitations survenues depuis, le précédent sur lequel on s'est toujours modelé. L'équilibre est une loi de la nature ; on tend à exagérer en sens inverse la réforme du mal dont on souffre. L'excessive grossièreté du langage et de la

littérature appelait une préciosité ridicule.
Mais nous ne nous arrêterions pas aux accusations des contemporains sur ce chef, si
nous étions plus attentifs aux projets dont
madame de Rambouillet fut l'inspiratrice.
Les idées et les expressions en usage dans
les palais en 1600 ne seraient plus tolérées
dans la loge d'un portier, et si nous compa-
rions les scènes jouées devant la cour de
Charles II avec ce que nous exigeons aujourd'hui, nous nous ferions une juste idée
de ce que les *Précieuses,* madame de Rambouillet en tête, ont réalisé en France. »

L'opinion exprimée par madame Mohl
sur le caractère et la mission des salons
d'autrefois semble indiquer l'importance
relative qu'elle attache, de nos jours, à leur
maintien.

Les Mémoires sur madame Récamier
ont une valeur qui mérite une mention spéciale.

Dans le cours de ses *Souvenirs,* elle s'efforce de rester à l'écart, de ne pas se poser en témoin ; elle engage sa parole comme celle d'une « amie » ou « d'une personne ayant joui de l'intimité de madame Récamier ». Le caractère de madame Mohl présente les mêmes traits particuliers que ses récits. Les Allemands la trouvaient étonnamment *objective,* pour une femme ; il est certain qu'elle n'était pas du tout *subjective.* Sans souci de produire de l'effet, elle s'effaçait comme peu de femmes sont capables de le faire. Elle paraissait être, et était vraiment, en dehors d'elle-même pendant qu'elle vous écoutait. Son active curiosité, toujours sur le qui-vive, maintenait son esprit dans une animation continuelle ; elle pensait toujours, mais rarement à elle ; elle ne creusait pas, comme la plupart des femmes supérieures, n'analysait pas ses pensées, n'approfondissait pas ses sentiments, ne philosophait pas sur elle ; elle n'avait pas une parcelle de faiblesse morale ou mentale,

autre preuve de la trempe virile de son
esprit. Ce rare oubli du moi ajoutait beaucoup à l'attrait de sa conversation.

Madame d'Abbadie, me parlant de ce
don de madame Mohl, disait : « Jamais,
dans notre longue et tendre amitié, je n'ai
surpris en elle la moindre prétention à produire de l'effet. Elle parlait comme les oi-
seaux chantent; son esprit sortait sans effort
comme les sons du gosier de l'oiseau. Elle
aimait l'esprit naturellement ; tout son désir, en vous parlant, était de chercher votre
pensée et d'en jouir. »

Si madame Mohl avait un grand talent
pour mettre en verve les plus brillants causeurs, en revanche, elle n'en avait aucun
pour tirer parti des nullités. Elle n'avait pas
le coup pour jouer d'un mauvais instrument.
Personne n'aurait pu lui adresser le com-
pliment d'un bon curé de campagne à madame Geoffrin; celle-ci le remerciait des
moments agréables qu'elle venait de passer

avec lui : « Madame », répondit le curé, « je ne suis qu'un bien pauvre vieux clavecin dont votre talent a su tirer quelques sons. »

Les vives reparties de madame Mohl empruntaient une certaine saveur à sa manière de les lancer. On pouvait lui appliquer la remarque de lord Chesterfield sur le Dr Johnson, dont les paroles, prétendait-il, auraient perdu la moitié de leur force « si elles n'avaient pas été *aboyées* ».

Elle avait aussi sa petite manière d'aboyer qui donnait beaucoup de piquant à des choses qui chez d'autres auraient passé inaperçues. Son français était exquis. Un bon juge, M. de Tocqueville, disait que pas une Française de sa connaissance ne le parlait avec autant de perfection. Ampère, nous l'avons dit déjà, rendait le même témoignage à la grâce avec laquelle elle maniait la langue française dès sa jeunesse. Elle traitait, du reste, le français et l'anglais avec une science et une dextérité marquées au coin

de son originalité, et sa nationalité étrangère, en lui donnant la connaissance parfaite des deux langues, lui donnait en même
temps la faculté de prendre certaines li-
cences envers celle qu'elle avait adoptée.
Elle s'en servait avec un art consommé,
sans respect quelquefois pour la règle et
l'usage ; les bagatelles de la grammaire ne
la gênaient guère, par exemple ; elle procédait hardiment, posant en principe que c'est
le propre du génie de savoir quand il faut
briser avec la règle. Si un verbe neutre
allait dans sa phrase mieux qu'un verbe
actif, elle s'emparait du neutre, sauf à faire
dresser les cheveux sur la tête des quarante
Immortels, et le plus sévère puriste ne
pouvait pas lui en faire un crime, tant la
faute portait son excuse en elle-même par
la force et la clarté dont elle dotait le récit.
Sa parole était limpide comme le cristal :
suivant l'heureuse expression de madame
d'Abbadie, « elle avait la parole ailée ».

Son anglais, très-correct, n'avait pas la grâce et le piquant de son français. Elle l'écrivait purement, tout en y conservant quelque chose d'exotique. Ses Mémoires sur madame Récamier sont charmants; mais on dirait une plume française trempée dans un encrier anglais; il y a un peu de roideur, comme d'une femme de nos jours s'essayant à marcher avec les souliers à hauts talons et la robe de brocart d'une aïeule. En anglais comme en français, elle avait le verbe facile; et elle conserva « the gift of the gab[1] », — comme elle disait elle-même, — jusqu'à son dernier jour.

Madame Mohl fut très-diversement jugée. Les uns l'appelaient « cette délicieuse femme », tandis que d'autres la qualifiaient de « détestable vieille ». Les deux jugements sont vrais. Elle était délicieuse ou détestable suivant l'impression du moment; de temps à autre, mue par un mé-

---

[1] Familièrement : la langue bien pendue.

chant esprit, elle disait, sans motif ni provocation, les choses les plus dures et les
plus désagréables. Par exemple, madame
Ristori était un soir rue du Bac ; plusieurs
membres distingués de la colonie italienne
y étaient venus pour la rencontrer, entre
autres Montanelli, qui venait d'écrire
Camma pour la grande artiste. La conversation marchait bien, quand tout à coup, à
propos d'une remarque sur l'Italie, madame
Mohl s'écria : « Tous les Italiens, c'est de
la canaille ! » Cette exclamation prodigieuse, proférée d'une voix stridente, avec
la tête rejetée en arrière, produisit l'effet
d'un coup de pistolet tiré au milieu du salon. Madame Ristori défendit son pays na-
tal et ses compatriotes avec une éloquence
qui émut tous les cœurs ; ensuite, majestueuse comme Melpomène, elle prit congé
de madame Mohl, et tous les Italiens, lui
formant cortége, s'éloignèrent avec elle.
Pendant quelques jours, tout Paris parla

de l'incident, et les meilleurs amis de madame Mohl ne purent justifier son incartade. Dieu seul sait quel motif, sans provocation, avait fait éclater cette bombe. Elle n'en savait probablement rien elle-même. Mais c'était bien là un trait caractéristique de sa nature volontaire et toute d'impression. Elle ne voulait pas blesser, encore moins injurier madame Ristori, qu'elle admirait franchement comme femme et comme artiste; mais elle détestait la race italienne, et, poussée par quelque méchant démon à le dire, elle était aussi incapable de résister à une impulsion que de s'empêcher d'éternuer si elle en avait envie.

La note suivante, écrite à Ampère (à Rome) quelques années avant l'incident, prouve quelle ardente admiration madame Mohl professait pour la grande artiste italienne : « Connaissez-vous madame Ristori ? Non ? Alors je vous envoie un mot d'introduction pour elle. Dites-lui du bien de moi, s'il vous plaît. Si vous la connaissiez déjà, vous lui en direz tout de même. Vous ne voulez pas la connaître, dites-vous? Vous avez tort. Elle est charmante, à part son talent. Et elle aime les Français. Je vous en prie, allez la voir. »

La pensée et la parole étaient simultanées chez madame Mohl. Les unes ne précédaient et ne dictaient pas les autres; elles s'échappaient ensemble. Madame Wynne-Finch lui faisant remarquer qu'elle attribuait à cette manière d'être ses agressions inconsidérées, madame Mohl parut très-surprise, et après un moment de réflexion : « Ma chère, dit-elle, pourquoi donc est-ce que je pense et parle tout à la fois, au lieu de penser d'abord et de parler après, comme tout le monde »?

Que pouvait répondre son amie, sinon : « Parce que vous êtes madame Mohl, et non comme tout le monde? »

« Ma tante n'avait de parti pris sur

personne, dit M. Ottmar von Mohl, son neveu et son fervent admirateur ; c'était une de ses grandes qualités. Le rang et la fortune ne comptaient pas pour elle ; si l'on était intelligent et agréable, bien ; autrement elle ne faisait pas de quartier. « Je « lui dirai ma façon de penser ! » disait-elle souvent. Et personne n'aimait à s'attirer cette confidence ! »

On l'accusait de chasser *au lion;* ce n'était pas vrai, du moins dans le sens vulgaire du mot; elle ne recherchait pas les héros de passage, les célébrités de mauvais aloi, mais il est certain qu'elle aimait à attirer les hommes dont la sérieuse renommée reposait sur des bases solides. Elle cultivait son salon, le parait d'éléments d'attraction, comme d'autres amateurs collectionnent des orchidées rares, des pierres précieuses, des porcelaines de prix; là était le bonheur de sa vie, son unique ambition : garder son salon orné, rempli de personnages agréables et distingués, mais sans la moindre apparence d'affectation.

Sans parti pris contre la fortune ou la naissance, elle n'en faisait aucun cas. Les titres, la splendeur, ces faux dieux que le vulgaire salue si bas, ne lui inspiraient pas l'ombre du respect. Les avantages mondains n'ajoutaient à ses yeux aucune importance à personne, et leur absence ne diminuait pas son estime d'un iota.

Ce dégagement absolu des vanités mondaines était une force aussi bien qu'un charme, car ce que le monde admire le plus, c'est précisément ce dédain de ses maximes, de ses faiblesses, et il estime davantage celui qui les méprise le plus. Le courage est un élément de puissance que madame Mohl possédait à un haut degré. Véhémente et hardie dans son langage, elle paraissait souvent exagérée, et cependant son expression était toujours sincère, en harmonie avec les sentiments ou l'opinion du moment. Tout ce qu'elle pensait, tout ce qu'elle sentait, elle l'envisageait avec une audace qui l'empêchait d'en mesurer les conséquences. Rien, par exemple, ne la mettait hors d'elle comme de voir ses amis, les *intimes* qu'elle regardait comme sa *propriété,* quitter Paris et la laisser seule. Une fois, madame Wynne-Finch devait partir pour Londres, en mai, suivant son habitude, et n'ignorant pas la tempête qu'allait soulever son départ, elle attendit au dernier jour pour l'annoncer. Madame Mohl reçut la nouvelle sans se mettre en colère, et fit convenablement ses adieux : mais pendant que son amie descendait l'escalier, elle se pencha sur la rampe et lui cria : « Que le Dieu tout-puissant me le pardonne ! mais je voudrais que votre maison de Londres fût brûlée et tous vos enfants morts, excepté Guy : il vous faudrait bien alors rester à Paris ! »

Devenue vieille, elle aimait encore avec

l'ardeur d'une jeune fille ; son cœur garda sa flamme jusqu'à la fin.

Cette faculté d'aimer et le goût vif des choses de l'esprit expliquent, dans une certaine mesure, sa verve intarissable et l'entrain qui égaya la fin de sa longue vie. Son enfance et sa jeunesse s'étaient écoulées près de la tendre affection d'une mère qui l'idolâtrait ; son âge mûr avait été rempli par l'amour d'un mari qu'elle chérissait aussi. Ces deux sentiments profonds, auxquels de chaudes amitiés vinrent s'ajouter, gardèrent son cœur assez vivant pour l'empêcher de tomber dans l'égoïsme intellectuel auquel l'exposait sa tendance exclusive pour les choses de l'esprit. Ils la protégèrent également contre le redoutable ennui qui enveloppa comme un brouillard la vie de tant de femmes bien autrement brillantes du siècle précédent. Pour madame Mohl, ses amies n'avaient guère de défauts pendant leur vie, et point du tout après leur mort : elle les pleurait avec un désespoir qui était touchant, et très-sin-cère malgré son exagération. Elle prenait à cœur leurs deuils comme siens. Lorsque Ampère perdit sa femme, elle lui écrivit :

« J'ai une grande chambre, très-confortable ; venez y rester avec nous. Votre vieil ami M. Mohl vous soignera. Que voulez-vous faire seul pendant ces jours cruels? Les larmes m'empêchent d'écrire. Je vous promets que vous serez mieux ici que partout ailleurs. Je suis si affligée, si malheureuse..... »

L'écriture est méconnaissable, les mots couverts de taches d'encre, effacés par les larmes. Ampère n'accepta pas l'invitation faite avec tant d'élan. Pour le moment il éprouvait le besoin d'une solitude absolue.

« Oui », reprenait madame Mohl, « je comprends ce besoin de solitude. Tout ce que je puis vous dire, c'est que, quand il vous plaira de venir, votre chambre est prête, avec une superbe vue. Vous serez parfaitement libre, sans souci des soins matériels qui sont à eux seuls un tourment. Vous serez seul autant que vous voudrez. Je ne puis vous dire à quel point j'ai besoin de vous être bonne à quelque chose ; je l'aimais bien plus que personne ne l'a jamais su, ni elle non plus. »

A la mort d'une autre amie, elle écrit à madame Schérer : « Je suis sûre que vous me plaindrez en apprenant la mort de ma chère madame Gaskall, ma meilleure amie en Angleterre, peut-être au monde. Sa pauvre fille me l'a écrit ce matin. Elle paraissait bien portante, et causait, quand tout à coup sa tête se pencha, et la vie s'envola. C'était sans doute une lésion du cœur. Vous dire ce que j'ai perdu est impossible. Puisque vous avez bien voulu offrir à mes nièces de leur faire visiter Versailles, j'en profiterai pour vous les faire conduire vendredi si le temps est bon ; je ne dis pas beau, on ne peut pas l'espérer. Je suis si brisée que je serai contente de les envoyer quelque part sans moi. J'avais promis de les conduire dans le monde ce soir, mais je n'en ai pas le courage. Je les mènerai jeudi à la *Flûte enchantée,* parce que je ne serai pas forcée d'y parler; j'ai pris les places, et je ne veux pas leur causer ce désappointement. J'aimerais mieux rester seule et penser, mais c'est dur pour elles qui vivent chez leurs parents comme dans un couvent, et la jeunesse a autant de droits au plaisir que l'enfance au jeu.

« Oh! chère amie, mon cœur me pèse comme une masse de plomb. Si vous saviez ce qu'était cette amie-là! Quel cœur! mais personne ne le savait. »

En se donnant ainsi, elle avait bien le droit d'exiger beaucoup en retour; en effet, elle recevait beaucoup, et elle en jouissait pleinement. Elle était très-heureuse, et ce bonheur s'exhalait dans un intarissable

flot de gaieté. Ses yeux ronds, grands ouverts, petillaient de curiosité et d'intérêt ;
son nez retroussé, spirituel et despote, semblait flairer les bons mots ; sa bouche,
comme un arc bandé, lançait sans cesse des
flèches aiguisées ; sa taille droite, la pose
de sa tête, son pas rapide, tout l'ensemble
de sa personne exprimait énergie, vivacité,
bonheur. Et quel bien-être on éprouve à la
vue d'une créature humaine heureuse, au
milieu des êtres ennuyés, souffrants, mécon-
tents, que nous rencontrons à chaque pas !

L'absence totale de coquetterie de madame Mohl était un autre trait de caractère qui justifiait la remarque de son ami
allemand : « Elle était plus homme que
femme. » Dégagée de toute vanité, elle ne
s'occupait pas plus de sa personne qu'un
enfant. Quelquefois, faisant une première
visite dans une maison opulente, les domes-
tiques la prenaient pour une pauvre solliciteuse. Ces erreurs, loin de la blesser,

l'amusaient beaucoup, et elle les racontait gaiement à ses amis.

Elle conserva jusqu'à quatre-vingt-treize ans la mode des robes ouvertes en cœur, et des petites boucles tombant sur le front. Cette coiffure n'avait jamais été soignée dans sa jeunesse, mais dans sa vieillesse les boucles flottaient ébouriffées au gré des quatre vents, ce qui faisait dire à M. Guizot que son terrier écossais et madame Mohl avaient le même coiffeur, car tous deux portaient leurs cheveux de la même façon. Cette comparaison, du reste, d'autres la faisaient. « Jamais je n'oublierai ma première impression en la voyant », m'écrit une de ses amies; « ses boucles folles pendaient sur ses yeux, et lui donnaient l'air d'un petit terrier fouetté par un coup de vent. »

M. de Corcelle [1] lui consacre un souvenir plus poétique : « Elle ne pouvait »,

[1] Ambassadeur de France près le Saint-Siége en 1848 et 1874.

dit-il, « passer inaperçue, avec ses yeux si pénétrants, si animés à travers des cheveux en désordre : une tempête à travers les branchages d'une forêt. Aux jours de réception à l'Académie, quand on voyait apparaître cette figure si étrange, un murmure de gaieté s'élevait. »

Madame Mohl ne fit jamais la folle dépense d'acheter du papier à papillotes ; elle prenait ce qui lui tombait sous la main : circulaires de toutes couleurs, notes, journaux, et avec tous ces bouts de papier elle se faisait une vraie tête de Méduse, hérissée de serpents roses, jaunes ou bleus. Elle se laissait voir ainsi à tous les visiteurs qui arrivaient avant l'enlèvement des serpents. L'effet était saisissant ; mais elle ne paraissait pas s'en apercevoir, peut-être même ne s'en apercevait-elle pas.

Un jeune Anglais, M. G... L..., cher à M. Mohl par son amour pour la science, et favorisé des bonnes grâces de madame

Mohl, eut souvent le privilége de ces
étranges apparitions. « Elle se montrait »,
dit-il, « dans des négligés incroyables : une
jupe d'une couleur, un corsage d'une autre,
avec un vieux bonnet de nuit perché sur
une guirlande de papillotes ; la figure la
plus étonnante qu'on pût voir ailleurs que
dans une féerie » ; mais, remarque fine-
ment notre savant, « il y avait peut-être de
la coquetterie dans ce dédain de coquetterie ». Les Anglais et les Allemands s'amusaient de ces excentricités ; les Français,
tout en les mettant sur le compte de sa
nationalité, ne lui pardonnaient pas d'être
un peu... caricature.

Madame Ozanam[1] raconte qu'à un bal de
l'Hôtel de ville, elle vit de loin M. de Loménie donnant le bras à une personne qui
avait l'air d'une folle ; elle distingua une
robe courte, des cheveux gris emmêlés en
auréole sur la tête et piqués de longues

[1] Veuve du célèbre Frédéric Ozanam.

pailles. Lorsque cette étrange apparition s'approcha, madame Ozanam reconnut madame Mohl. Un peu plus tard, M. de Loménie, ayant remis son fardeau à quelque courageux ami, vint s'asseoir auprès de madame Ozanam, qui lui dit en riant : « Je vous félicite de l'acte de courage que vous venez d'accomplir. — Oui, vous le pouvez », répliqua-t-il aussitôt. « Mais on ne peut pas s'y tromper, n'est-ce pas ? On voit au premier coup d'œil qu'elle est Anglaise. »

Dans une autre occasion, à la salle Érard, l'auditoire attendait l'arrivée des artistes, une porte sur la scène s'ouvrit : une femme en jupes courtes, à la mine de sorcière, apparut, et, s'arrêtant, promena son regard sur l'assemblée, qui partit d'un immense éclat de rire ; mais madame Mohl toisa lentement cette foule irrévérencieuse, et gagna tranquillement sa place.

Son indifférence pour sa tenue formait un contraste étrange avec la susceptibilité qu'elle montrait au sujet de son âge. Elle ne pouvait supporter qu'on y fît allusion, et prenait grand'peine à le cacher. Mérimée, l'un des témoins du mariage de madame Mohl, racontait l'histoire de sa réponse au maire lorsqu'il lui demanda son âge : « Monsieur, cela ne vous regarde pas, et si cela vous regardait, je sauterais par la fenêtre plutôt que de vous le dire ! » Soixante-huit ans était l'extrême limite qu'elle avouait, et il était très-curieux de la voir se débattre pour y rester. Ses amis essayaient parfois avec malice de la prendre dans ses propres filets, mais sans y réussir. Elle ne manquait jamais de faire la soustraction vite et juste. Par exemple, si quelqu'un disait : « Mais, chère madame Mohl, il y a de cela cinquante ans ! » elle répliquait : « Oui, précisément, je venais d'avoir dix-huit ans »; ou bien : « Il doit y avoir soixante ans ! Je me rappelle bien que j'étais une enfant de huit ans ! »

On la mettait hors d'elle en faisant allusion, même sans le vouloir, à son âge réel.
Le comte Walsh rencontrant madame Mohl[1],
sans savoir son nom de famille, lui dit :
« Madame, nous sommes contemporains, je
crois ; peut-être pourrez-vous me dire ce
qu'est devenue une de vos compatriotes, à
qui je fus présenté par Thiers il y a cinquante ans : c'était une demoiselle Clarke,
une des plus charmantes personnes que j'aie
vues. » La pauvre madame Mohl rougit
comme une jeune fille, partagée entre le
plaisir de ce souvenir flatteur et le dépit
de voir son âge divulgué publiquement.

Elle avait une vieille amie, mademoiselle
Joséphine R...[1], qu'elle redoutait sous ce
rapport. Ces dames avaient été enfants en-
semble ; jeunes filles, elles avaient peint au
Louvre, et pris des leçons du même maître.
Mais mademoiselle Joséphine, loin d'être

---

[1] Cette même Joséphine chez qui elle coucha pendant l'émeute
de 1830.

honteuse de son âge, en était fière, et se
vantait volontiers d'avoir vu Robespierre.
Elle interpellait madame Mohl, de sa voix
gutturale : « Vous rappelez-vous, ma chère,
le tableau que nous avons peint pendant
les Cent-Jours? » Ou bien : « Vous rappelez-vous comme la neige tombait quand
nous allâmes à la Malmaison voir l'impératrice Joséphine? » Ce terrible « Vous rappelez-vous? » rendait madame Mohl furieuse. « Joséphine radote, vous l'entendez
bien! » disait-elle à demi-voix, contenant
avec peine son courroux.

Peu de temps avant qu'elle mourût,
Thiers la rencontra chez un ami, et lui rappela qu'il ne l'avait pas vue depuis 1833,
juste quarante ans auparavant. Fort en-
nuyée, elle dit à la maîtresse de la maison,
quand le vieil homme d'État fut parti :
« Ce vieux fou a perdu la tête; il ne sait
pas ce qu'il dit; il se trompe de vingt ans! »
Madame Mohl conserva dans sa vieil-

lesse, après l'expérience et les blessures de la vie, beaucoup de cette délicatesse que les années enlèvent trop souvent. Elle ne pouvait tolérer rien qui choquât le bon goût, ni dans les livres, ni dans les conversations, et si l'on prétextait son âge pour lui donner à lire ou faire entendre des choses malséantes, elle en était très-offusquée.

Un soir, elle arriva furieuse chez madame de Montalembert. « Imaginez-vous », s'écria-t-elle, « que M. X... m'envoie une loge pour la *Belle Hélène,* en me disant que ce n'est pas une pièce pour une jeune femme, mais qu'à mon âge on peut tout voir! Quelle impudence! Ai-je envie d'aller à une pièce qu'une femme honnête ne puisse pas voir! Je détestais les inconvenances quand j'étais jeune, et je les déteste encore davantage aujourd'hui. Je lui ai renvoyé sa loge, et lui ai dit son fait. »

Elle passait pourtant volontiers sur la

grossièreté du langage quand elle était rachetée par l'esprit ou le talent ; elle lisait
avec plaisir les écrivains français du dix-
septième siècle, ou les auteurs anglais du
temps d'Élisabeth, dont le style peu châtié
respirait la gaieté ou la philosophie ; mais
rien ne pouvait l'amener à ouvrir un de ces
écœurants romans modernes dont on parlait autour d'elle.

Ravie par un article sur Rabelais que
M. Schérer publia dans le *Temps,* elle écrit
à sa femme : « *Rabelais* est un chef-
d'œuvre ! Et quel bienfait d'avoir trouvé la
pierre fine dans ce ramassis d'ordures !
M. Schérer devrait éditer un petit livre sur
Rabelais pour en montrer aux femmes les
beautés morales sorties de leur fange, car
aucune n'aurait le courage d'aller les y
chercher. Sans doute l'époque mérite la
moitié du blâme. J'ai essayé une fois de
l'ouvrir, mais je l'ai laissé à la seconde page,
et je ne me doutais pas de ce que j'avais

perdu. Il est l'opposé de Swift, un cynique endurci, sans tendresse de cœur ; et cependant celui-ci est lu dix fois plus, parce qu'il a la chance d'être né un peu plus tard. »

Sa petite manie de cacher son âge est peut-être le seul côté faible qui soit resté à madame Mohl de cette jeunesse inaltérable qu'elle conserva jusqu'à la mort. L'incapacité de vieillir implique quelquefois l'incapacité de croître en bien des choses qui doivent marcher et mûrir avec les années ; mais si, pendant que l'automne vendange et cueille ses fruits, le printemps fleurit toujours et conserve sa fraîcheur, alors le charme de l'ensemble est parfait. Madame Mohl en présentait un exemple rare. Son cœur resta jeune et romanesque jusqu'au bout. Dans les jours de l'Abbaye, et même plus tard, Edgar Quinet avait été un de ses admirateurs, elle le croyait du moins, et ils avaient échangé quelques lettres assez tendres. A la mort de Quinet, sa veuve pria un ami de réclamer ces lettres à madame Mohl. Cet ami ne put s'empêcher de sourire en voyant l'embarras de la vieille femme de quatre-vingt-dix ans lorsqu'il lui présenta sa requête. « Elle était gênée, dit-il, elle a rougi comme une jeune fille ! »

CHAPITRE IV

Il est curieux de remarquer la notoriété
que le salon de madame Mohl avait acquise,
et quel foyer intellectuel il était devenu
sans s'appuyer sur une idée mère, — religieuse, politique, littéraire ou sociale ; dif-
férent en cela de tous les salons du dix-
huitième siècle, qui étaient tous des tri-
bunes ou des écoles, dirigeant, ou essayant
de diriger le mouvement des esprits. A la
vérité, cette prétention ne s'éteignit pas
avec le siècle. De madame de Rambouillet
à madame du Cayla, il y avait un *canapé
doctrinaire* où s'asseyait la maîtresse de la
maison, tantôt légiférant avec les *puristes*

et déterminant le genre d'un nom, tantôt
faisant de la philosophie avec les encyclo-
pédistes, jouant à la diplomatie avec les
hommes d'État, donnant l'impulsion à la
religion ou à l'athéisme, poussant le courant politique vers la révolution ou vers la
restauration. Aucun de ces problèmes ardus,
aucune de ces visées ambitieuses n'agitè-
rent le salon de madame Mohl. Elle n'avait
ni doctrine à faire prévaloir, ni thèse à sou-
tenir. Elle avait des opinions, et elle y
tenait avec une ténacité de fouine ; mais,
ses amis lui rendent cette justice, elle ne
les imposait à personne.

Un juge compétent et expérimenté entre
tous, le duc de Broglie, me donne l'appréciation suivante sur madame Mohl et sur
son salon : « Il présentait une physionomie
originale qu'aucune autre réunion, je le
crains, ne reproduira. Si elle réussissait à
faire rencontrer sans trouble, et même
sans gêne, des personnes qui ne se recher-

chaient pas d'habitude, et que rien ne rap-
prochait naturellement, c'est sans doute
parce qu'elle ne prétendait à leur imposer
aucune opinion systématique. Son esprit
ne s'était formé, je crois, sur aucun sujet,
des idées bien arrêtées; mais ses instincts
justes, et ses sentiments généreux, expri-
més d'une façon piquante, donnaient à sa
conversation, quelque tour qu'on lui fît
prendre, un charme tout particulier. Ce
qui aurait blessé peut-être de la part d'un
autre, ne faisait chez elle que plaire et amuser. Son extrême bienveillance, son absence
totale de prétention, un oubli d'elle-même
qui était visible jusque dans la négligence
de sa mise, n'auraient pas permis de prendre
rien de ce qu'elle disait en mauvaise part.
Ce genre de mérite est très-difficile à apprécier pour ceux qui ne l'ont pas connue, et
doit être encore plus difficile à dépeindre. »

L'élément étranger, une des attractions
de cet agréable salon, était une des causes

principales de sa neutralité; les ennemis y suspendaient les hostilités. Des hommes qui, ainsi que le remarque le duc de Broglie, n'avaient rien en commun et n'auraient pas fait un pas pour se rencontrer, allaient chez madame Mohl sans scrupule et sans se faire prier, pour y voir Tourguenieff, Ranke, Dean[1] Stanley et bien d'autres célébrités de tous les pays.

Dean Stanley était l'ami le plus cher de madame Mohl en Angleterre. Ils firent connaissance pendant une violente tempête sur le lac de Côme, aux bords duquel M. et madame Mohl se trouvaient en visite alors chez le marquis d'Arconati. Le Dean et sa mère cherchèrent un refuge à la villa hospitalière et furent présentés à madame Mohl. Celle-ci aimait à dire qu'il y avait eu un coup de foudre entre elle et le Dean. De part et d'autre ce fut une amitié fidèle.

[1] Le Révérend Arthur Stanley était Dean, ou archiprêtre, de l'abbaye de Westminster.

Plus tard, madame Stanley, la mère du Dean, de passage à Paris, écrit à une amie, l'invitant à venir chez elle le soir pour y rencontrer « la plus spirituelle, la plus amusante des femmes que je vais produire à Londres cette *season* ». C'était de madame Mohl qu'il s'agissait, et celle-ci justifia pleinement cette fois sa réputation. M. de Tocqueville, son ancien ami, s'y trouva, et tous deux se lancèrent dans un feu roulant de mots spirituels et de fines reparties dont l'éclat fut presque étourdissant.

En 1856, madame Mohl alla en Angleterre faire sa première visite chez les Stanley. La « femme la plus amusante » eut un grand succès. La popularité de madame Stanley et la position que sa famille occupait dans la société anglaise assuraient d'avance un gracieux accueil à ceux qu'elle patronnait ; mais cette protection seule n'aurait pas fait naître l'admiration et la sympathie pour madame Mohl personnellement, et ne lui aurait pas attiré les amis dévoués qu'elle conquit dans le cercle des Stanley, et qu'elle conserva toujours depuis.

Quelques années après, madame Mohl eut la chance d'être l'intermédiaire d'un service rendu au doyen, qui était toujours prêt à lui rappeler qu'elle avait assuré le bonheur de sa vie.

Lady Elgin avait été la très-chère amie de Mary Clarke autrefois, et madame Mohl continuait cette tendre affection à ses filles, pour lesquelles elle éprouvait presque un sentiment maternel. Lady Augusta Bruce, sa favorite, demeurait souvent chez elle, à Paris. Dean Stanley la vit à un dîner, rue du Bac, et en fut si charmé qu'il dit le lendemain : « Si je voulais me marier, j'ai vu la femme qui me plairait. » Cette rencontre n'était point le résultat d'un dessein prémédité par madame Mohl contre la paix du cœur du Dean, mais elle en était fière comme si elle l'avait comploté, et aplani de grandes difficultés. Elle parlait du mariage comme de son œuvre ; mais, en vérité, il s'était fait de lui-même, et avait été la conséquence naturelle de la première entrevue. Cependant le doyen et lady Augusta lui en laissaient volontiers la gloire, et répétaient toujours qu'ils lui devaient leur bonheur. Ce mariage resserra les liens de leur amitié, et désormais la visite d'un mois à l'abbaye de Westminster devint un épisode annuel, attendu de part et d'autre avec un vif plaisir.

Madame Mohl fit bientôt les délices du cercle éclectique qui se réunissait dans les cloîtres hospitaliers. « Madame Mohl était si amusante et si drôle ! disait un vieil ami de lady Augusta, elle faisait notre bonheur par ses railleries piquantes, ses petites colères à bride abattue, ses traits fins, ses allures originales ; elle était pour nous tous un véritable boute-en-train, et nous attendions, chaque année, son arrivée avec impatience. »

Madame Mohl racontait avec bonheur un incident d'une de ses visites à l'abbaye. On redoutait alors une guerre qui semblait près d'éclater entre l'Allemagne et l'Angleterre à propos du Danemark. Madame Mohl assise un matin dans le salon, lisait le *Times,* et vit la bonne nouvelle de l'accord survenu ; au moment où elle finissait le *leader* sur cet heureux dénoûment, la porte s'ouvrit, et un domestique annonça « la Reine » ! Un simple mortel aurait été un peu embarrassé par cette entrée imprévue, mais madame Mohl se leva et s'écria triomphante : « Eh bien ! Majesté, nous n'aurons pas la guerre !

— Non, Dieu merci ! nous n'aurons pas la guerre ! » répondit la Reine, et tendant les deux mains à madame Mohl, elle s'assit auprès d'elle, et commença à causer.

Lady Augusta, qui s'habillait, activa sa

toilette, un peu inquiète de la tenue de madame Mohl vis-à-vis de Sa Majesté. Elle les trouva toutes deux sur le canapé, causant amicalement, madame Mohl donnant son opinion sur les affaires de l'Europe, aussi à son aise que si la souveraine avait été la première venue. Malheureusement, nous ne savons pas quel effet madame Mohl produisit sur la Reine, mais personne n'ignora l'impression que Sa Majesté fit sur madame Mohl. Elle disait toujours : « Cette chère femme, la Reine. » Or, si la Reine ne lui eût pas paru aimable, elle ne l'aurait pas dit. Elle était franchement dévouée à la famille royale, mais tellement incapable d'être influencée par le rang, qu'il lui eût été impossible de reconnaître dans la majesté couronnée de l'Angleterre autre chose qu'une femme, dès qu'elle la rencontrait en tête-à-tête. Toutes les vertus des martyrs, tout le sang des Montmorency, n'auraient pu l'incliner à la bienveillance, là où elle ne trouvait pas l'esprit et le charme. Si elle n'en avait découvert chez la Reine, elle l'aurait reléguée parmi d'autres personnages illustres dont elle disait : « Excellents, ma chère, je n'en doute pas, excellents ; mais je n'ai pas envie de les revoir. » Elle exprima souvent le désir de revoir la Reine.

Madame Ritchie, née Thackeray, me raconte un autre incident qui eut lieu à l'Abbaye : « Le prince Léopold, encore enfant, y fut présenté un soir à madame Mohl. Toute la société se tenait debout, saluant et s'inclinant jusqu'à terre ; mais elle, tendant tout bonnement la main au prince, lui dit : — Je suis une vieille femme, mon enfant, je ne puis pas me lever, mais je suis bien contente de vous voir. Et elle continua à lui parler d'une manière charmante. » Ce sans gêne ne provenait pas d'un manque de respect ; aussi le jeune prince ne s'y trompa point.

Du reste, nul ne s'offensait jamais de

cette originalité, qui touchait parfois à l'extravagance : « Je me rappelle, dit madame Ritchie, que deux de mes cousins étant allés voir madame Mohl à Paris, nous ont raconté l'avoir trouvée assise, comme une vieille petite sorcière, sur la cheminée du salon ; dans cette singulière position, elle causait tout à fait à son aise. »

Elle ne se perchait jamais sur la cheminée à l'Abbaye, quoiqu'elle y fût comme chez elle.

Chaque année, de leur côté, les Stanley faisaient une visite à madame Mohl et occupaient la chambre au-dessus de son appartement qui était toujours mise à la disposition des amis. Lady Augusta était très-aimée dans la société française. Des hommes distingués qui l'ont connue rue du Bac parlent encore d'elle avec un tendre souvenir, comme de « la plus aimable des femmes, la grâce et la bonté mêmes ».

Pendant leur dernière visite chez les Mohl, en 1865, lady Augusta tomba malade, et fut retenue deux mois sous leur toit. Madame Mohl était trop inexpérimentée pour être de grand secours dans une chambre de malade; son irritabilité, son effroi déraisonnable à propos de cette maladie prolongée, étonnaient ceux qui ne la connaissaient pas assez pour tenir compte de l'exagération de son langage sous l'influence d'un sentiment ou d'une émotion très-vive. Mais Dean Stanley, qui savait en prendre la mesure, garda toujours la plus vive gratitude de l'affection sincère, de la bonté, que sa vieille amie lui témoigna pendant cette épreuve. Il aimait à raconter comment, un jour, quand le docteur quittait lady Augusta, madame Mohl courut après lui et lui cria dans l'escalier : « Docteur, si vous avez quelque chose à dire, dites-le-moi; c'est inutile de rien dire au Dean, car le Dean, c'est un imbécile! » Ils riaient tous deux, le Dean et lady Augusta, de ce jugement porté par madame Mohl sur l'intelligence de son ami.

On a dit que madame Mohl était plus appréciée en Angleterre qu'en France. Elle s'y montrait peut-être plus aimable ; ses intimes prétendaient qu'elle s'y gênait davantage. Il est certain que tout en aimant beaucoup les Français, admirant le caractère et jouissant de la vie en France, elle préférait, au fond, l'Angleterre et les Anglais. Pour ses amis, la nationalité lui était indifférente, mais comme nation, l'Angleterre occupait la première place dans son cœur. Elle respectait et admirait individuellement les Allemands, mais elle aimait peu l'Allemagne. M. Jules Simon, qui me donne quelques intéressants détails sur madame Mohl, dit :

« Elle me parlait un jour des trois nations et de leur caractère respectif ; elle me dit qu'elle avait très-vite appris à reconnaître un gentleman, un homme du monde, en France et en Angleterre ; elle ne s'y trompait jamais, au premier coup d'œil ; tandis que chez l'Allemand les signes distinctifs lui échappèrent longtemps, et même après des années d'observation elle s'y trompait encore quelquefois. »

Elle prétendait que chacun devait étudier le point saillant dans le caractère d'un peuple et s'en servir comme d'une « manivelle » dans ses rapports avec lui. Une fois, dans un salon, je l'ai entendue à propos de la race des cochers s'écrier de sa voix claire : « A Londres, je fais appel à leur sens du devoir ; c'est la meilleure manivelle à employer en ce pays. A Paris, je *flatte* le cocher de fiacre ; il faut toujours flatter cette classe en France, si vous ne voulez pas qu'elle devienne insolente. La vanité est le trait dominant du Français, et c'est celui-là qu'il faut exploiter. »

Un trait qui la touchait dans le caractère

des Anglais, c'est leur douceur envers les animaux. Elle avait le cœur très-tendre à l'endroit des bêtes de somme, et cette tendresse était pour elle une source de souffrance constante à Paris, où, en dépit de l'amélioration des rapports entre l'homme et la bête, le spectacle des charretiers maltraitant les pauvres chevaux, pantelants sous l'effort et traînant des voitures trop chargées, blesse encore bien souvent nos yeux. Elle aimait les gens qui aimaient les bêtes. « Je vous en prie, écrit-elle à madame Schérer, trouvez-moi quelle est la personne qui a fait, dans le *Temps,* l'article sur le chien et celui sur le chat, et dites-le-moi, afin que je l'aime par son nom. C'est sans doute le même qui écrit souvent sur les animaux ; nous avons une grande tendresse pour lui, M. Mohl et moi. »

Elle ne prenait de fiacre à Paris que quand elle ne pouvait pas faire autrement, tant elle craignait de voir les cochers battre leurs chevaux; mais elle montait volontiers dans les omnibus, parce que « ces braves hommes ne battent jamais leurs bêtes ». Elle fut un des membres zélés de la Société protectrice des animaux, et son nom parut un des premiers sur la liste de la Société d'antivivisection établie à Paris.

Elle avait un chat de Perse qu'elle affectionnait beaucoup. « Pussy » était un personnage important dans la famille. Il avait son souper chaque soir au salon, mais quelquefois le vendredi on l'oubliait ou on le faisait attendre; alors il s'invitait lui-même et buvait dans le pot au lait. Une dame, ignorant les usages de la maison, s'écria un soir : « Oh! voyez, le chat boit le lait! — Oui, il fait un bon petit repas », répliqua M. Mohl avec complaisance; puis il reprit sa conversation.

Ces traits comiques et familiers, le chat soupant sur la table, la bouilloire chantant sur le feu, contribuaient, sans doute, à donner au salon de madame Mohl ce caractère original que le duc de Broglie craint de ne jamais revoir. Ce sans gêne excentrique qui y régnait, ajoutait à l'attrait que tous subissaient, jeunes et vieux, grands seigneurs et étudiants, mais il explique aussi, peut-être, pourquoi ce centre brillant n'a pas « inspiré » ceux qui le fréquentaient. Madame Mohl, en effet, ne prétendait inspirer personne. Les hommes remarquables auxquels son commerce plaisait, n'emportaient pas de chez elle, comme en sortant de chez madame de Staël, par exemple, un discours pour la Chambre le lendemain, le sujet d'un livre nouveau, d'une brochure palpitante. Elle n'opéra aucune de ces merveilles; elle ne possédait pas cette touche électrique dont le contact remue jusqu'au fond de l'âme et fait jaillir de nobles étincelles. On n'allait pas chercher l'inspiration auprès d'elle, comme auprès de l'auteur de *Corinne,* ni faire panser ses blessures ou demander l'é-

lixir de vie, comme auprès de madame Swetchine ; on y venait pour s'amuser, pour se
distraire, et l'on était rarement déçu. Madame Mohl donnait à chacun ce qu'il venait
chercher, et renvoyait tout le monde heureux d'avoir été aimable et d'avoir joui de
l'amabilité d'autrui.

On a dit qu'elle n'imposait jamais ses
opinions ; dans certains cas, cependant, elle
essayait de les faire triompher. Elle exerçait son influence, et vigoureusement, dans
un monde choisi ; c'était l'Académie. Toute
élection à un fauteuil vacant parmi les quarante était le signal d'une concentration
générale des forces, rue du Bac. On pourrait citer des prouesses, des tours de force
fort curieux sur ces intéressants combats.

Quand la *fièvre verte,* la soif d'endosser
l'habit à palmes vertes des Immortels, s'emparait d'un de ses amis, madame Mohl était
des premières à reconnaître les symptômes
chez le malade, et si le cas n'était pas déses-

péré, elle apportait un zèle **infatigable** à con-
tenter cette **ambition**. Mais c'était un mau-
vais quart d'heure à passer pour ses autres
amis ! Ils devaient, bien entendu, favoriser
le nouveau candidat, et il ne fallait pas peu
d'habileté pour éviter les querelles sans abdi-
quer son indépendance. Un diplomate consommé, comme Guizot lui-même, n'y par-
venait pas toujours. Il se trouvait, il est
vrai, dans une position très-embarrassante.
Parmi ses plus chères amies, se trouvait une
femme qui prenait aussi un vif intérêt aux
luttes académiques, et dont le salon, quoique moins célèbre et moins universel que
celui de madame Mohl, était néanmoins un
centre fort distingué. Comme par un fait
exprès, tant la coïncidence se reproduisait
régulièrement, ces deux dames favorisaient
toujours des candidats rivaux. M. Guizot ne
pouvait pas voter pour les deux, et il dé-
ployait, en naviguant entre les Charybde et
les Scylla de ces eaux tourmentées, un tact,

une science diplomatique, qui faisaient l'admiration de ceux qui assistaient à ce duel.

La lettre suivante, adressée à Ampère, montre quelle solliciteuse émérite était madame Mohl, et avec quelle dextérité elle manœuvrait les fils de la coterie académique :

« 5 avril 1859.

« J'ai dîné hier chez la princesse Belgiojoso ; M. Mignet était tout à fait hors de lui à cause d'une nomination à son Académie. M. Baude, qui était membre libre[1], a donné sa démission pour se porter candidat. Si Mignet ne l'a pas exhorté, il l'a du moins approuvé et poussé. Ils avaient la promesse de vingt-cinq voix, quand voici qu'un certain Magne (ministre) se met sur les rangs, et *notre monsieur*[2] le pousse, fait

[1] Il y a toujours eu un certain nombre d'académiciens libres, c'est-à-dire de membres honoraires, qui ne reçoivent pas de traitement et n'ont pas droit de vote.

[2] L'Empereur.

voter tous les buralistes, et l'élection se fait dans quinze jours. On est au désespoir de n'avoir pas M. de Tocqueville et M. de Beaumont, car une voix ou deux peuvent nous sauver, et l'on a exprimé un si vif désir que vous alliez voir M. de Tocqueville, que je prends sur moi de vous y exhorter.

« M. de Corcelle était là, et disait que si vous alliez à Cannes, Beaumont reviendrait, mais guère autrement. Quant à Mignet, il faisait mal à voir. Cette nature calme, si honnête, se faisait des reproches, et contenant une rage intérieure, il laissait échapper que si Baude n'est pas élu, il donnera sa démission de secrétaire, et c'est qu'il en est capable. Cela met la tête aux champs à la princesse, car il n'a que cela ! J'ai vu Fauriel dans le même cas, et je sais de quoi sont capables ces natures. Mon cher monsieur Ampère, si vous pouviez faire cette pointe à Cannes, vous feriez, tout d'abord, un extrême plaisir à M. de Tocqueville, à qui vous n'en pourrez peut-être pas faire beaucoup dans ce monde. Une autre amitié vous retient, je le sais, mais vous voyagez si facilement que vous ne seriez pas absent plus d'une semaine ou deux. Pensez-y; vous le regretterez peut-être. Votre amie, à Rome, a père, mère et mari. Vous y retournerez; elle est jeune, et madame de Tocqueville est dans un triste état. Je me permets enfin de vous parler comme une très-ancienne amie que je suis. Si vous le faites, je suis sûre que vous en serez heureux plus tard, et vos amis d'ici vous en auront une éternelle reconnaissance. »

Il était trop tard pour M. de Tocqueville. Il se mourait à Cannes, où il s'éteignit le 16 avril, onze jours après la date de cette lettre. Malgré son absence et la puissante protection de « notre monsieur », le baron Baude fut élu; la faveur impériale n'eut pas assez de portée pour imposer son ministre des finances à la répugnance de l'Académie.

L'émotion d'une élection à l'Académie est d'une douceur connue de ceux-là seuls qui en ont joui, et madame Mohl était mieux préparée qu'aucune autre à en sentir l'attrait. Ses facultés y trouvaient un champ d'action digne d'elles. Pendant la mêlée, le salon de la rue du Bac ressemblait au quartier général d'une armée avant l'engagement. Tout le long du jour des allées et venues précipitées, des billets lancés de ci, de là, l'air imprégné de l'odeur de la poudre. Et quelle joie lorsque le favori avait gagné[1]!

On se rappelle encore la joie de madame

[1] Lors de l'élection de M. de Laprade, madame Mohl écrit à Ampère : « C'est l'homme que j'ai encore vu à qui l'élection a fait le plus de bien. Il n'est plus le même. Il est gai, parlant, sémillant, lui qui avait un air si mélancolique ; il est tout à fait transformé, transfiguré je dirai. Son père vient de Lyon pour être présent à la réception ; il a soixante-dix ans, et il y a trente ans qu'il n'est venu. C'est une grande fête de famille. Vraiment, j'aime l'Institut ! »

Mohl lors de l'élection du Père Lacordaire parmi les quarante. C'était une satisfaction sans prix pour elle de voir son noble et cher ami Tocqueville remplacé par le grand orateur dominicain, à qui un autre ami, M. Guizot, devait souhaiter la bienvenue au fauteuil vacant. Cette situation exaltait tous ses sentiments. « Quelle chose étonnante, répétait-elle, Guizot, un protestant, recevoir un moine à l'Académie ! Que va-t-il lui dire ? » Elle n'était pas seule à se poser cette question. L'événement était de nature à exciter un plus puissant intérêt que le triomphe d'une personne ou d'un parti ; il évoquait le souvenir d'un long passé et d'une plus récente, mais bien amère, contestation entre les causes que représentaient les deux champions ; aussi M. Guizot répondait-il au sentiment général dans les premiers mots de son discours, quand, montrant la majestueuse figure enveloppée dans le capuchon du Dominicain, il s'écriait :

« Monsieur[1], qu'aurions-nous eu à nous dire, vous et moi, il y a six cents ans ? »

Un incident survenu dans cette mémorable circonstance altéra un peu la satisfaction de madame Mohl. L'Impératrice, fille de la maison de Guzman qui honore saint Dominique comme sa gloire la plus pure, voulant aussi témoigner son respect à la cause soutenue par le Père Lacordaire, assista à la réception. L'illustre Dominicain n'avait pas parlé en public depuis ce fameux sermon de Saint-Roch qui, après le coup d'État, avait attiré sur lui le mécontentement impérial. Cette occasion de reprendre la parole ne convenait pas à son génie ; le lieu, l'auditoire, la circonstance, n'étaient pas faits pour l'inspirer. Sa main était accoutumée à faire résonner des cordes plus vibrantes que ne le comportait l'enceinte académique. Éloquent, il le fut, mais ce n'é-

---

[1] *Monsieur* est la formule d'usage entre les membres de l'Académie, sans distinction de rang ou de dignité : prince royal, moine, évêque ou homme de lettres, indistinctement.

tait plus cette éloquence qui avait réveillé les échos de Notre-Dame et fait tressaillir les âmes jusque dans leurs profondeurs ; il n'était pas dans son élément. Guizot, au contraire, à sa vraie place et dans sa sphère, s'éleva au-dessus de lui-même. En quittant sa tribune, l'Impératrice, qui n'avait jamais entendu les deux orateurs, fit, dit-on, cette remarque : « J'y laisse une illusion et un préjugé. »

Madame Mohl écrivit le lendemain : « M. Guizot a été sonore et très-effectif ; je ne l'ai jamais entendu si à son avantage. »

L'aversion de madame Mohl pour l'Empire et le régime impérial était marquée au coin habituel de son exagération dans ses amours et dans ses haines.

Elle accueillait comme des fleurs au mois de mai tout ce qui révélait les iniquités du régime et des « suppôts de Satan » (ainsi appelait-elle les fonctionnaires, depuis le premier ministre jusqu'au plus infime percepteur), et tout ce qui pouvait jeter du ridicule sur « celui-ci ».

Un vendredi soir, M. Guizot vint rue du Bac, et raconta l'histoire suivante, qu'il venait d'apprendre :

Une parente de la duchesse de R............ avait épousé un de ces « suppôts de Satan » et s'était abaissée jusqu'à habiter sous le toit de « celui-ci ». La malheureuse fut incontinent expulsée du noble faubourg et considérée comme morte par sa famille. Mais elle tomba dangereusement malade ; il fallait donc montrer quelque indulgence ; on se résolut à l'envoyer au jugement dernier absoute, au moins, de par le faubourg Saint-Germain. La duchesse s'offrit à porter ce pardon à sa cousine mourante. Elle monte dans sa voiture, et dit au valet de pied : « Aux Tuileries. » Le domestique, étonné, transmet l'ordre au cocher ; ce vénérable fonctionnaire, qui avait conduit trois générations des R............, descend de

son siége, se présente à la portière du carrosse, et dit : « Je ne puis avoir l'honneur de
conduire madame la duchesse aux Tuileries ; mes chevaux ne connaissent pas le
chemin. »

Madame Mohl battit des mains, en s'é-
criant :

« Et la duchesse a embrassé le vieux
cocher !

« — Non, répliqua M. Guizot, mais elle
descendit de voiture et fit chercher un
fiacre. »

Madame Mohl vécut sur cette histoire
toute une semaine, et en régala ses amis.

« Le présent état de choses, écrit-elle à
madame Schérer, me rend si malade que
je ne digère plus que difficilement. Je ne
mangerais plus du tout si je ne parvenais
pas à penser à autre chose ; je lis des
voyages dans l'Amérique du Sud. »

Un jour, un ami l'attendait au salon ;
elle sortit en courant du cabinet de

M. Mohl, élevant ses bras et criant : « Et dire que je ne sais pas tirer un coup de pistolet! » Quelque nouvelle preuve de la scélératesse de « celui-ci » avait provoqué cette colère meurtrière.

« Si mon amie Lady Eastlake est à Londres, je resterai un peu près d'elle », écrit encore madame Mohl en 1880. « Je verrai Kinglake, qui a fait l'histoire de la guerre de Crimée; j'aime cet homme; il détestait Louis-Napoléon. J'ai pris très-grand intérêt à cette campagne, qui fut mal conduite et nous coûta un grand nombre de braves soldats. Le Czar a été humilié, mais je n'en vois pas d'autres bons résultats. »

Une haine commune pour Napoléon III acquit à madame Mohl une connaissance qui fut pour elle une source d'orgueil et de satisfaction. En 1856, M. de Montalembert publia une brochure intitulée : *Un débat sur l'Inde,* et dont le sujet était les institutions de l'Angleterre, la Reine, le

peuple anglais et la liberté. L'écrivain cé-
lébrait toutes ces choses dans une *fugue*
politique d'une éloquence vibrante, dont la
contre-partie était une condamnation viru-
lente de l'Empire, de son chef, de ses institutions et de son asservissement. L'Europe retentit de cette éclatante publication.
M. de Montalembert fut mis en jugement
pour excitation à la haine du gouvernement
impérial. Ce fut un fier spectacle, le chevalier jetant son gantelet à la face de César,
et luttant seul contre les forces d'un Empire ! Tant que dura le procès, M. de Montalembert était l'étoile polaire des nations
et le premier des Français. Le tribunal le
condamna, naturellement; la sentence fut :
trois mois de prison et trois mille francs
d'amende. A l'instant, la condamnation fut
télégraphiée aux quatre coins du monde, et
aussitôt arrivèrent les félicitations, les offres
de payer l'amende, les promesses de visites
dans la prison. On s'aperçut bien vite en

haut lieu que si le dixième seulement des visites promises s'effectuait, les rues autour de la prison seraient bloquées.

L'Empereur, assez malavisé pour permettre le procès, fut trop sage pour laisser appliquer la sentence.

M. de Montalembert se présenta le lendemain à la prison avec ses trois mille francs. Le geôlier refusa de lui ouvrir.

« Je ne puis prendre ni votre argent ni vous ; je n'ai pas d'ordres.

« — Mais je suis condamné par le tribunal à une amende et à l'emprisonnement ?

« — Montrez-moi votre billet d'écrou.

« — Je n'en ai pas.

« — Alors je ne puis vous laisser entrer.

« — Mais vous pouvez voir dans le *Moniteur* que j'ai été condamné ?

« — Je ne lis pas le *Moniteur;* si vous voulez entrer ici, apportez-moi d'abord un billet d'écrou. »

Et là-dessus, le geôlier ferma le guichet au nez du condamné.

M. de Montalembert n'avait plus qu'à s'en aller. L'histoire, connue dans tout Paris le lendemain, mit tous les rieurs de son côté.

Ce procès avait fortement impressionné madame Mohl, ravie d'abord par cet hommage rendu à l'Angleterre, et ensuite par la fière attitude de l'auteur pendant la lutte ; mais elle fut si enchantée du ridicule que le dialogue au guichet jeta sur « celui-ci », qu'elle n'y tint plus, et mettant son chapeau, elle s'en alla au n° 40 de la rue du Bac, faire la connaissance du héros. En un clin d'œil ils furent amis. Sa haine enragée contre Napoléon III divertit beaucoup M. de Montalembert.

« Le misérable coquin ! Je le hais tellement que cela me met positivement mal à l'aise », protestait-elle en frappant du pied [1].

[1] Lorsque Napoléon III préparait la campagne d'Italie, madame Mohl écrivit à Ampère : « Nous sommes tous contre la

Son enthousiasme pour l'illustre chevalier catholique ne se refroidit pas après l'événement qui l'avait fait naître. Les visites de M. de Montalembert à la rue du Bac furent toujours marquées en lettres d'or. Durant la longue maladie qui le tint prisonnier dans sa chambre, où madame Mohl était souvent reçue, elle l'égaya toujours par sa causerie fine, spirituelle et originale.

En dépit de son aversion pour l'Empereur et son entourage, madame Mohl était en relations intimes avec une amie de Napoléon III. Nous avons vu que le père de M. Mohl avait été ministre du roi de Wurtemberg; la fille du Roi, la princesse Sophie, reine de Hollande, avait toujours témoigné une grande sympathie pour Jules Mohl, et quand il se maria, elle étendit cette

guerre, ici; chacun est anxieux, chacun souffre. Pour ma part, comme je n'ai qu'un désir, je n'ai pas la même horreur pour cette guerre, parce qu'elle tournera peut-être bien pour nous. Qui sait? Comme Camille, je prévois que nous pourrions « voir le dernier « Romain à son dernier soupir »... Pour le coup, j'en mourrais de joie ! »

bienveillance à sa femme. Le Roi les aimait aussi beaucoup tous deux, et demeurant aux Tuileries, il accourait rue du Bac pour causer tranquillement avec son savant ami. M. Mohl était aussi anti-impérialiste au fond que sa femme, quoique s'exprimant avec plus de mesure sur ce sujet. Une fois, cependant, en parlant de Napoléon III, il partit à fond de train avec une telle violence que le Roi protesta :

« Doucement, mon cher Mohl, dit Sa Majesté; il y a entre nous autres rois une sorte d'esprit de corps; de plus, je suis son hôte. Je ne puis vous entendre le traiter ainsi.

« — Très-bien, Sire, reprit M. Mohl; disons canaille, et n'en parlons plus. »

Lorsque la reine Sophie descendit seule aux Tuileries, en 1869, elle demanda à l'Empereur s'il y avait encore des salons à Paris. « Oui, répondit Sa Majesté; il y a celui de madame Mohl, mais elle ne me fait pas l'honneur de m'y inviter.

« — Elle m'a engagée à déjeuner, reprit la Reine, qui avait amené adroitement la question ; mais étant chez vous, je n'accepterai pas l'invitation.

« — Vous n'êtes pas chez moi, vous êtes chez vous, répliqua l'Empereur ; je vous demande comme une faveur d'aller chez madame Mohl. »

Elle y alla. Les invités, convoqués sur son indication, étaient MM. Thiers, Barthélemy Saint-Hilaire, Mignet, Jules Simon, Prévost-Paradol et Léopold Ranke. Le déjeuner fut moins brillant qu'on n'aurait pu s'y attendre avec des convives comme ceux-là. Ils étaient tous fort hostiles à l'Empire, et la présence d'une reine, amie de l'Empereur, causa une gêne impossible à secouer, et entrava le libre cours de la conversation.

Madame Mohl était plus à son aise que ses hôtes ; elle ne se sentait gênée ni par la présence d'une reine à sa modeste table, ni par l'incident phénoménal de recevoir chez elle une personne qui habitait le pavillon de Marsan. Une amie lui avait demandé la veille si elle n'était pas inquiète de son *menu :* « Ma chère, répondit madame Mohl, je lui donnerai une langouste, ma cuisinière les fait admirablement bien. » Une langouste avec une sauce mayonnaise était pour elle le *nec plus ultra* de la gourmandise.

Les seuls survivants des convives qui ont mangé cette langouste historique, sont ses fidèles et chers amis, MM. Barthélemy Saint-Hilaire et Jules Simon.

La reine Sophie parla à ce dernier d'un voyage qu'elle venait de faire dans le midi de la France : on lui avait montré le viaduc de Roc-Amadour, mais pas le pont du Gard. M. Jules Simon lui dit que c'était une partie manquée, et qu'elle devait retourner tout de suite pour voir le pont du Gard. Elle répliqua : « Je n'irai pas cette année ; mais nous ferons la partie l'an prochain ; vous y viendrez, et vous dînerez avec moi, en plein air, sur le pont romain. » Elle fixa la date, l'écrivit sur ses tablettes, et en fit faire autant à M. Jules Simon. Mais l'année suivante, il n'était plus question de voyages d'agrément, pour lui ni pour personne en France.

L'Empereur était curieux de savoir comment la fête s'était passée. Il pressa la Reine de questions, et la pria d'inviter madame Mohl et ses amis à déjeuner aux Tuileries : « Ils ne viendraient pas chez moi, dit-il, mais ils n'ont pas de raisons pour ne pas venir chez vous. » Ils en avaient apparemment, car personne n'accepta l'invitation.

Quelques jours après ce fameux déjeuner, un matin, la Reine vint faire la visite de digestion traditionnelle. Madame Mohl, dans son costume habituel, inoubliable pour qui l'avait une fois vu, époussetait son salon, après avoir compté le linge que la blanchisseuse avait rapporté, et qu'on voyait encore étalé sur la table de la salle à manger par la porte restée ouverte. Tout à coup, la Reine et sa suite arrivèrent. Madame Mohl posa tranquillement son plumeau et salua Sa Majesté, fit asseoir tout le monde, sans souci de sa toilette, et causa avec son entrain ordinaire.

Une amie à qui elle conta l'aventure une heure après, remarqua qu'elle avait dû être bien embarrassée d'être surprise dans ce négligé.

« Pas le moins du monde, ma chère! Je n'y ai pas plus fait attention que la Reine. Sa dame d'honneur, oui, ainsi que le monsieur qui la suit avec ses clefs dans le dos ; ceux-là paraissaient fort scandalisés ; mais elle, j'ai très-bien vu qu'elle en riait sous cape. »

M. et madame Mohl étaient tous deux très-accueillants ; leur hospitalité simple, naturelle, comme eux-mêmes, n'avait aucune prétention, aucun luxe. La *bonne,* en bonnet et tablier blancs, servait à table, excepté dans les occasions extraordinaires où l'on prenait un domestique. Ils avaient une cuisinière, habile dans cette simple cuisine bourgeoise, passée de mode aujourd'hui, comme tant d'autres bonnes choses qui disparaissent petit à petit de nos mœurs; pas de plats recherchés, mais tous excellents et abondants « assez, même pour des collégiens affamés », me dit un vénérable académicien, qui depuis sa jeunesse était un des convives honorés de cette table hospitalière, « et, ajouta-t-il, vous vous sentiez bienvenus ».

Il arrivait quelquefois à madame Mohl de dépasser les limites de sa salle à manger; si un dîner, par quelque circonstance particulière, promettait d'être très-intéressant, elle invitait plus de personnes qu'elle n'avait de places; mais elle ne s'en inquiétait pas, ni les autres non plus. Quand tous les siéges étaient occupés, elle disait aux surnuméraires, à ceux qui n'étaient pas placés : « Attendez que les premiers aient fini, on vous servira ensuite. » Et tout le monde était content.

« On ne pensait guère au dîner, dit M. Barthélemy Saint-Hilaire ; la *fête de l'esprit* était servie pour tous, et on ne désirait qu'elle. » Assurément, tant d'empressement autour d'une table où le seul excès permis était une *gourmandise d'esprit,* témoigne à l'honneur de cette société parisienne, qui pourtant ne dédaigne pas la bonne chère.

Les savants et les causeurs du dix-huitième siècle étaient-ils plus matériels que ceux du dix-neuvième ? On le croirait presque, en comparant la simplicité de madame Mohl et ses sobres repas avec les banquets de Lucullus que madame Geoffrin et madame du Deffand offraient à la même classe d'invités. « Le souper est une des quatre fins de l'homme », disait madame du Deffand, et d'après ce principe, elle prenait une peine infinie à rendre ses *petits soupers* dignes de leur importante mission. Madame Geoffrin, elle, étudiait les secrets des épicuriens, pour que les philosophes modernes trouvassent sa table aussi délicate que celle des poëtes grecs et des sages de l'ancien temps.

Madame Mohl, après avoir commandé un repas substantiel et complet, ne s'inquiétait plus guère des autres détails de ses réceptions ; mais elle s'occupait avec la plus grande sollicitude du *menu* intellectuel. Elle consacrait beaucoup de temps et de réflexions, et prenait beaucoup de peine pour que chaque convive eût autant de plaisir que possible, pour que son voisin fût précisément celui dont il aimait à se rapprocher. Son grand travail était de combiner des éléments sympathiques, afin d'assurer l'agrément de chacun en particulier.

Son cher ami Ampère, l'homme le plus recherché de son époque, était par cela même le plus difficile à avoir. Samson, l'acteur, avait exprimé un jour le désir de le rencontrer, et madame Mohl, qui s'était prise d'affection pour Samson, chercha à lui donner cette satisfaction. Elle sonda Ampère et lui écrivit ensuite :

« J'ai oublié hier de vous rappeler que vous m'avez dit que vous viendriez volontiers dîner avec Samson. Souvent femme varie, mais si vous, homme, vous êtes au-dessus de cela, je voudrais savoir quel jour de la semaine prochaine vous conviendrait. Mon cher monsieur Ampère, donnez-moi ce plaisir, et le plaisir de faire plaisir à Samson, pour qui j'ai un faible tout particulier ; c'est un galant homme dans ses opinions littéraires ; car je maintiens qu'il y a un point d'honneur pour les opinions littéraires comme pour les autres. Je ne connais point son caractère à fond; mais tout ce que je lui entends dire sur l'art, surtout sur le sien, est si noble et de si bon goût que je désire beaucoup le cultiver. Or, c'est une occasion précieuse de le prier de venir dîner avec vous, un vrai critique. Écrivez-moi trois jolis petits mots, lisibles, pour me dire que vous acceptez. »

Ampère écrivit les trois petits mots, et le dîner fut des plus charmants.

Madame Gaskell voulait aussi connaître M. de Tocqueville, et madame Mohl s'a-dressa encore à Ampère pour l'aider à réussir dans sa négociation :

« Pouvez-vous venir dîner mercredi avec madame Gaskell qui vous adore ? On me dit (M. Senior me dit) que M. de Tocque-ville est à Paris sans madame. Voulez-vous le prier de vous accompagner ? Si madame de Tocqueville est ici et veut bien venir aussi, j'en serai charmée. Soyez assez bon pour arranger cela, si c'est impossible; vous

demander une chose possible serait trop
peu pour la haute opinion que j'ai de vous. »

Elle avait une habitude bizarre : elle
prenait des notes après les dîners intimes
sur la manière d'être de ses hôtes : « Madame X... n'a pas fait de frais pour plaire.
Madame Y... était maussade, je ne me pres-
serai pas pour l'inviter. M. Z... est parti trop
tôt; très-malhonnête de sa part. M. A... fut
tout à fait charmant. » Et ainsi de suite.

Les sommes folles qu'on gaspille dans les
dîners de gala indignaient madame Mohl,
tout à la fois par le luxe banal et la vanité
d'argent de ceux qui les donnent, et par
l'incapacité qu'ils impliquent d'apprécier de
plus nobles jouissances. Quelqu'un s'exta-
siant, en sa présence, sur la magnifique
hospitalité d'une riche famille parisienne,
elle s'écria, furieuse : « Hospitalité ! Allons
donc ! Vanité et parade, voilà tout ! Ces
gens-là ne s'inquiètent guère d'offrir l'hospitalité à leurs amis; ils ne pensent qu'à

montrer leur argent et à faire parler d'eux. Je ne puis souffrir ce monde-là ! »

Les lamentations des gens qui se plaignaient de ne pas recevoir parce qu'ils ne pouvaient pas le faire convenablement, étaient aussi mal accueillies. « Pourquoi ne supposez-vous pas votre ami capable de manger le dîner de tous les jours à votre table comme à la sienne ? » demandait-elle à ces frondeurs. « La moitié du temps, c'est par vanité et par sot amour-propre qu'on n'invite pas. Pourquoi trouve-t-on nécessaire d'avoir à manger et à boire dix fois plus de choses chez les autres que l'on n'en a chez soi? » Les dîners, pour elle, étaient des occasions de causer, le moyen, non la fin, une sorte de pique-nique intelligent, auquel chacun contribuait pour sa quote-part. L'esprit, qui ne mange ni ne boit, était l'amorce qui attirait tout le monde à sa table.

Avec tout son tact, et le soin qu'elle apportait à réunir les personnes dont les goûts se convenaient, madame Mohl ne pouvait pas cependant toujours prévenir tous les chocs ; mais ces petites collisions ne servaient en général qu'à exercer son tact et faire briller son adresse. Un vendredi soir, en 1860 (avant la mémorable algarade que nous avons racontée), madame Ristori fut présentée à une femme portant un des noms catholiques les plus illustres. Une personne qui était présente se rappelle encore le regard de profonde admiration que la grande dame fixait sur la belle artiste assise à côté d'elle ; elles causaient très-cordialement, lorsqu'un mauvais génie lança la question italienne sur le tapis ; aussitôt la comtesse de M.........., avec la chaleur d'une ardente catholique, partit en guerre contre Garibaldi et les injustices que le Saint-Siége avait à souffrir. Madame Ristori, ardente libérale, s'enflamma sur le mouvement de l'Italie unie, et avec ce geste incomparable qui, la veille au théâtre, avait électrisé son immense auditoire, elle s'écria : « Ah ! madame, j'admire Pie IX, mais je suis Italienne avant tout ! »

Tous les regards se tournèrent vers les deux dames ; le salon, étonné, s'inquiétait de ce qui allait arriver, lorsque madame Mohl, comme une petite fée bienfaisante, accourut près de madame Ristori, et la supplia de faire la joie de l'assemblée en récitant quelque chose. La tragédienne, avec une grâce parfaite, consentit, et déclama aussitôt un passage du *Paradis* [1] avec une puissance et une émotion incomparables.

Madame Mohl fut connue de tout le monde comme une femme d'esprit ; mais pour ses amis elle était surtout une femme de cœur. Toujours très-économe, elle devint,

---

[1] Madame Mohl tenait de Fauriel, dès sa jeunesse, une admiration passionnée pour la *Divine Comédie ;* elle adorait Dante. « Je donnerais tout ce que je sais du français, que je connais maintenant mieux que l'anglais, pour comprendre Dante », écrit-elle à une amie ; « mais tout en le mâchant péniblement, comme un oiseau qui cherche l'amande d'un grain de millet, je trouve que c'est le plus grand génie du monde entier. »

par suite d'un affaiblissement mental, presque avare dans sa vieillesse ; les personnes qui ont profité de ses bontés savent seules, pourtant, par quelle délicate générosité cette tendance était rachetée, même à l'époque où sa fortune était assez modique.

Elle rencontra chez madame Cheuvreux[1] une dame qui gagnait sa vie à copier des manuscrits. Madame Mohl, qui, comme tous

---

[1] Ceux qui ont lu les lettres d'Ampère connaissent le nom de sa charmante amie. Vers 1855, madame Mohl écrivit à Ampère cette lettre, qui m'a été confiée avec plusieurs autres par madame Cheuvreux : « Vous m'avez dit que vous me feriez faire la connaissance de madame Cheuvreux. Je vous somme de tenir parole. Si vous êtes trop occupé, dites-moi son jour, son heure, et si elle veut de moi, et j'irai la voir. La vie est courte, et je déteste remettre.

« Il y a une dame qui disait à son mari : « Or cela, je veux « entrer dans *mon avenir* de suite.» Elle a des cheveux blancs. — Il était toujours à lui dire : « Gardons cela pour notre avenir. » Je trouve cela un mot à rester, oui, à devenir axiome; je le prends. J'ai tout plein de cheveux gris ; je ne les arrache point, et je ne veux point être plumée comme je vois un tas de dames, et je veux faire de suite ce que j'ai envie de faire. Je vous aime. Je vous le dis. Vous êtes un ingrat. C'est égal, on a les amis qu'on peut. »

Elle entra immédiatement en possession de cet avenir, et trouva chez madame Cheuvreux une correspondance qui le lui rendit facile. L'hospitalité proverbiale de Stors, source de grand plaisir pour M. et madame Mohl dans leurs jours heureux, devint la consolation de la veuve pendant ses dernières années solitaires.

les cœurs nobles, avait le respect de la pauvreté, témoignait toujours de la bonté à ceux dont la situation était pénible ; elle pria la copiste de venir la voir. Celle-ci se rendit à l'invitation, et reçut un charmant accueil. Tout à coup, madame Mohl quitta brusquement le salon et revint presque aussitôt ; puis glissant quelque chose dans le manchon de la visiteuse : « Prenez cela... et n'en soufflez mot à personne. Revenez bientôt me voir, j'aurai peut-être du travail pour vous. » Une autre visite survint, la copiste prit congé, et sortit avec empressement le petit paquet de son manchon ; c'était un rouleau d'or de trois cents francs.

Madame Cheuvreux me raconte un autre trait charmant de générosité :

Un matin, à huit heures, son domestique, nouvellement dans la maison, vint la prévenir qu'une pauvre femme l'attendait dans l'antichambre. C'était madame Mohl. « Ma chère, dit-elle, la vente de l'atelier de X...

a lieu aujourd'hui à deux heures; il faut
que vous couriez partout pour amener des
acquéreurs; dites-leur qu'il faut tout acheter et payer très-cher, car l'argent est très-
nécessaire. » Madame Cheuvreux promit
de faire ce qu'elle pourrait, et eut toutes
les peines du monde à obtenir que madame
Mohl prît une tasse de café, avant de continuer ses courses à travers Paris pour con-
voquer des acquéreurs. Elle arriva ponc-
tuellement à l'heure de la vente. Quand tout
fut terminé, madame Cheuvreux lui offrit
de la reconduire chez elle. Elle hésita un
moment, mais finit par accepter, et se fit
suivre à la voiture par deux porteurs char-
gés de boîtes et de paquets qu'ils placèrent
sur la banquette de devant. — « Ma chère,
dit-elle, je vous en prie, ne dites rien de
ceci; j'ai acheté quelques objets auxquels
madame X... tenait beaucoup, et je les lui
renverrai dès que toutes ses affaires seront
arrangées. » Elle avait consacré près de

deux mille francs à cet acte de tendre générosité envers l'amie de sa jeunesse, la belle Louise, maintenant vieille, veuve, et dans une situation difficile.

Après de longues années de séparation, elles s'étaient rapprochées à propos d'une injustice commise par le gouvernement contre le mari de Louise, injustice qui provoqua la plus amère indignation chez madame Mohl, et réveilla son ancienne amitié.

CHAPITRE V

La déclaration de la guerre franco-allemande força M. et madame Mohl à prolonger leur visite annuelle en Angleterre. L'anxiété de madame Mohl à cette époque terrible fut très-vive. Ses amis s'efforçaient en vain de rendre agréable son séjour auprès d'eux, elle restait le cœur meurtri et attristé. M. Mohl souffrait encore plus. Il eût été impossible que lui, Allemand par la naissance, la famille, les premières relations, ne se réjouît pas des succès de sa patrie, de la victoire des armées allemandes, tandis que, en même temps, le deuil, les malheurs de la France, la défaite de ses braves soldats, l'affligeaient jusqu'au fond de l'âme. La voix du sang crie toujours. Ni l'adoption, ni les affections nouvelles, ni la gratitude pour des bienfaits généreusement accordés, n'étouffent la voix de la nature. Jules Mohl, fils de la Germanie, qui n'avait dans les veines que du sang allemand, ne pouvait pas maudire la gloire de son pays, ni déplorer comme un Français le triomphe de ses généraux et de ses hommes d'État.

Qu'il eût proféré des paroles de satisfaction sur les désastres de la France, nul n'aurait dû le croire, et cependant quelques personnes l'accusèrent, ainsi que sa femme, eux qui devaient tant à la France et à la société française, d'avoir renié leur patrie d'adoption à l'heure de ses infortunes, et de n'avoir eu que de la dureté pour elle. Ces propos trouvèrent une certaine créance ; ceux qui les répétaient mettaient probablement avec plaisir sur le compte de M. et de madame Mohl les insanités antipatriotiques qu'ils rougissaient de dire eux-mêmes. Nous pouvons facilement imaginer que madame Mohl ne fit pas grâce à la criminelle témérité et à l'ignorance des chefs qui s'emparèrent alors du gouvernement de la France, et qu'elle répandit des flots de vitriol sur la tête de « celui-ci », en l'accusant avec les termes les plus vigoureux du dictionnaire ; mais qu'elle se fît une joie des malheurs de sa seconde patrie, et l'accablât dans son humiliation, aucun de ceux qui l'ont connue n'a pu en avoir la pensée.

Lorsque madame Cheuvreux rencontra M. Mohl, après le siége de Paris, elle l'accosta en lui disant : « Eh bien, mon cher ami, vous devez bien regretter de vous être fait naturaliser Français ! » — « Non, répliqua-t-il, sans hésiter : si c'était à recommencer, je le ferais encore. »

Madame Mohl, revenant d'un voyage en Allemagne quelque temps après la guerre, disait à madame d'Abbadie : « Les nations louchent en se regardant ; il nous faut en rabattre de ce que la France et l'Allemagne disent l'une de l'autre. »

Elle aurait eu elle-même souvent besoin de réduire à de justes proportions l'exagération de son langage. Par exemple, lorsque M. Forgues traduisait Dickens pour la *Revue des Deux Mondes,* et coupait largement dans le texte par ordre de l'éditeur, madame Mohl, furieuse, rencontrant madame Cheuvreux, s'écria : « Votre ami Forgues est une canaille ! Il abîme Dickens. Qu'il ne me tombe jamais sous la main ! » Une personne qui distribuait les épithètes avec une si injuste appréciation de leur valeur ne devait pas être prise au sérieux dans ces moments de surexcitation. Pour la louange comme pour le blâme, elle employait des mots dont elle travestissait étrangement le sens : « Venez dîner avec le général Foy, écrit-elle un jour à Ampère.

Il ne peut pas souffrir Cousin, mais vous êtes sa passion ! »

Ne nous étonnons donc pas si son exaltation pendant la marche lamentable de la guerre lui inspira un langage d'après lequel ceux qui n'y étaient pas initiés supposèrent qu'elle attaquait toute la nation, tandis qu'elle accusait les hommes dont la conduite attirait sur elle de telles infortunes.

Aussitôt après la signature de la paix, M. Mohl revint à Paris; sa femme devait le suivre à quelques jours d'intervalle, mais la Commune éclata, et son retour fut ajourné. Elle passa dans l'anxiété le temps de la séparation. Les récits de l'état de Paris étaient plus horribles encore que ne l'avaient été ceux du siége. La ville, déjà démantelée par l'artillerie allemande, se trouvait en proie à la barbarie sauvage d'une guerre civile ; madame Mohl voyait son mari et beaucoup de ses amis exposés à une mort violente, aux mains d'une populace exaspérée jusqu'à la folie par la faim et l'excitation nerveuse. Pour la première fois, elle eut l'idée que son mari pouvait mourir, et la laisser seule au monde ; du moment où cette appréhension s'empara de son cœur, elle en fut écrasée. Néanmoins, elle allait et venait comme d'habitude, sans parler de son angoisse intérieure, faisant ce qu'elle pouvait pour y échapper ; on la rencontrait dans la société, à dîner, en promenade, toujours en verve et toujours amusante, et on la croyait sans cœur, indifférente au danger que courait son mari.

Madame Ritchie fut une des rares personnes qui vit M. Mohl chez lui rue du Bac, pendant que les insurgés incendiaient tout le quartier.

« J'allai voir M. Mohl pendant la Commune, me dit-elle, avec ma cousine, mademoiselle Ritchie, pour le prier de partir avec nous : mais il me décrivit sa vie paisible, ses visites quotidiennes à la Bibliothèque ; il nous montra les jardins sous ses fenêtres, ses livres, et secoua la tête à l'idée de quitter tout cela. Il fit l'éloge des deux femmes qui étaient à son service (celles qui furent si fidèles à madame Mohl jusqu'à sa mort). — Pensez à ces deux incomparables filles, dit-il ; elles ont failli mourir de faim pendant le siége, et lorsque je suis arrivé : Voilà, me dirent-elles, les confitures dans l'armoire, monsieur, nous n'en avons mangé que deux pots. J'avais envie de casser tous les pots qui restaient, tant j'étais fâché contre elles. »

L'insurrection terrassée, et les portes rouvertes, madame Mohl accourut à Paris avec Dean Stanley et lady Augusta. Sa joie d'être de retour au logis était exubérante comme celle d'un enfant. Elle sautait dans les rues, s'extasiait sur tout ce qu'elle voyait. Mais son cher Paris, son beau Paris, ne fut plus le même pour elle après 1870. Peut-être en a-t-il été ainsi pour

chacun de nous. La société était anéantie.
Les rues et les palais brûlés ont été rebâtis
pour la plupart; mais l'édifice social, une
fois détruit, ne se reconstruit pas si aisé-
ment. Le cercle de la rue du Bac, quelque
ouvert et hétérogène qu'il fût, brisé en
mille morceaux, ne pouvait espérer se
reformer de longtemps. D'anciens habitués avaient quitté Paris pour vivre en province; d'autres s'étaient retirés à la campagne; les étrangers qui avaient pris ra-
cine à Paris pliaient leurs tentes et s'éloi-
gnaient pour toujours. Tout était changé.
La vie n'était plus la même, les gens qui
en faisaient le charme n'étaient plus là.

M. Mohl ne se remit jamais du choc de
cette redoutable année. Capable de souffrir
profondément d'un chagrin impersonnel, il
prit très à cœur la ruine de la France; il
éprouvait une vive peine aussi à sentir
qu'on se souvenait de sa nationalité, si longtemps oubliée. Il aimait sa patrie de choix

plus sincèrement et plus sagement que bien des Français ; il lui était dur de trouver qu'on doutait de lui, et que son origine allemande mettait maintenant une barrière entre lui et beaucoup d'anciens amis. Les afflictions de famille s'ajoutèrent aux chagrins publics; la mort de son frère lui porta un coup funeste ; sa santé s'altéra. Tout le monde s'en apercevait, excepté sa femme. Il avait dix ans de moins qu'elle, et elle n'avait songé à la possibilité de le perdre que pendant ce temps d'angoisse où il était seul à Paris. Le voyant souffrir, s'affaiblir de plus en plus, elle fut très-malheureuse, mais pas du tout alarmée. Elle avait une entière confiance dans l'habileté du docteur Richet pour lui rendre la santé. « Je dois une éternelle reconnaissance au docteur Richet, dont la science et l'incomparable talent ont fait marcher le pauvre estropié », écrit-elle à madame Cheuvreux, en lui annonçant toute joyeuse que M. Mohl a pu faire une visite, « en dépit de ses jambes ».

Plus tard, lorsque personne en dehors d'elle ne conservait l'ombre d'espérance, elle écrit, en réponse à une invitation pressante pour aller à Stors [1] : « Je regarde comme une fête d'être parmi vous, et j'espère retrouver un peu de ma joie près de vous, que le ciel a douée du pouvoir de communiquer la gaieté et l'entrain à tout le monde. »

Mais son aveuglement ne changeait rien à la loi fatale de la séparation. Un matin, madame Wynne Finch rencontra le docteur sortant de la maison, et apprit de lui que la fin approchait : ce n'était plus qu'une question de jours. Elle trouva madame Mohl comme d'habitude, ne soupçonnant même pas la vérité. Il y avait quelque chose de navrant dans cette ignorance. Il semblait cruel de l'éclairer, plus cruel encore de ne pas le faire. Madame Wynne Finch, avec

[1] Château de madame Cheuvreux, près Paris.

le courage d'une véritable amie, se résolut à parler. Elle le fit aussi tendrement qu'elle le put : « En vérité, il y a du danger, chère amie. Le temps est mesuré, et il serait mal de ne pas vous en avertir. » Tout d'abord, la pauvre femme ne comprenait pas, puis elle se révolta contre la miséricordieuse cruauté de cette révélation.

« — Ce n'est pas vrai ! Je ne le crois pas ! Il n'y a pas de danger ; on n'a jamais dit qu'il y avait du danger ! » cria-t-elle, et, tournant le dos comme un enfant qui boude, elle courut près de M. Mohl, chancelant sous le coup, comme elle l'avoua plus tard.

Mais ses yeux étaient ouverts ; lorsqu'ils s'arrêtèrent sur lui, elle comprit qu'il allait mourir. Dès lors elle ne le quitta plus ; jour et nuit près de lui, elle tenait sa main tandis qu'il respirait avec peine. Quelquefois il la caressait doucement. « Cette caresse est encore pour moi une ineffable consolation », écrit-elle l'année suivante à madame

Wynne Finch; « c'était la bonne parole qu'il ne pouvait plus me dire, le signe suprême de son affection, la certitude qu'il me sentait près de lui. »

Il mourut dans la nuit du 3 janvier 1876.

A la fin, comme elle le veillait, consciente maintenant de la séparation prochaine, madame Mohl eut le courage de lui demander quels étaient ses derniers désirs sur certaines choses qui lui tenaient au cœur, entre autres à propos de ses chers livres, son trésor le plus précieux. « Les donnerai-je en votre nom à la bibliothèque de Stuttgard? dit-elle. — Non, répondit-il, vendez-les ici. C'est la seule manière de les rendre utiles; ils iront à ceux qui en auront besoin. »

Elle lui avait souvent entendu dire la même chose. Pendant quarante ans, il collectionna sa bibliothèque orientale, et il soutenait qu'il était impossible d'écrire sur ces sujets-là sans avoir certains documents à soi. Trois jours après sa mort, deux libraires de Leipzig offrirent à madame Mohl d'acheter tous ses livres ; mais elle voulait qu'ils restassent à Paris, et elle les vendit chez elle aussitôt qu'elle le put. Cette vente et les ennuis qui s'ensuivirent la mirent hors d'elle.

« Je souffrais horriblement, écrit-elle à madame Schérer quelques jours après, de voir ces gens brutaliser les livres de mon cher mari en les emportant ; j'étais si malheureuse d'avoir eu à traiter avec cet animal de libraire que, aussitôt le jour affreux de la vente terminé, je priai mes amis de n'en plus parler devant moi. Je suis dans un état d'irritation indescriptible ; j'ai beau me redire à moi-même que j'avais agi ainsi parce qu'il l'avait voulu, et que je ne pouvais pas transgresser ses dernières volontés, rien n'y fait. Depuis lors, quelques personnes ont dû m'en parler, mais je les ai suppliées de ne pas me donner de détails. Il me semblait que mon mari bien-aimé était disséqué; je ne puis vous écrire sans pleurer...

« Je devrais bien connaître le public aujourd'hui; mais je suis une pauvre écorchée. C'est si douloureux de se dire qu'après avoir dépensé sa vie, prodigué sa science, consacré son intelligence à la création de cette odieuse Société asiatique, on lui refuse une place assez grande pour y réunir ses livres! Il y en avait une au palais Mazarin, on l'a divisée, et M. Régnier, qui fait tout ce qu'il peut, me dit que la moitié des livres restent dans les caisses, faute de place! Ma salle à manger est bourrée des publications de la Société dont mon pauvre mari l'encombrait. J'ai demandé à Régnier où je devais les envoyer. Il m'a priée de les garder, parce qu'il n'a pas de place. Nos amis anglais sont stupéfaits; on leur vantait tant la libéralité du gouvernement français pour la science et les savants, l'accueil qui leur était fait, etc. »

Inconsolable de la mort de son mari, le travail et le souvenir devinrent son unique intérêt dans la vie. Elle avait comme une impossibilité enfantine de comprendre la mort. Elle ne pouvait croire qu'il fût parti, qu'il ne reviendrait plus. Pendant longtemps son vague regard faisait dire aux passants dans la rue : « Pauvre vieille femme ! elle est comme un chien perdu, errant à la recherche de son maître. »

Peu après la mort de M. Mohl, elle trouva un petit portefeuille soigneusement fermé, et serré dans un tiroir de sa chambre. Elle allait l'ouvrir, quand une terreur soudaine arrêta sa main : « Si je trouvais là, pensait-elle, quelque souvenir d'une femme aimée, une preuve qu'il ne m'a pas toujours et uniquement aimée comme je le croyais ! » Pendant plus de quinze jours, elle alla sans cesse à ce petit livre, sans trouver le courage de l'ouvrir. A la fin, n'y tenant plus, elle se confia à madame d'Abbadie : « Il me semble que mon destin est renfermé dans ce livre. S'il contient ce que je redoute, cela me tuera ! » Madame d'Abbadie insista sur la folie et l'injustice de ses craintes, et elles se rendirent ensemble dans la chambre inhabitée. La pauvre femme, si vieille et en même temps si jeune, ouvrit le portefeuille d'une main tremblante. Elle y trouva ses premières tendres lettres à son mari. Cette preuve de sa fidèle affection la toucha profondément ; elle se mit à pleurer comme un enfant.

L'été suivant, elle visita sa nièce, madame Vickers, qu'elle appelait sa « plus douce amie ». De là, elle alla chez sa vieille amie, madame Simpson (née Nassau Senior), à Bournemouth : « Elle avait reçu un choc, remarqua madame Simpson [1], dont il était facile de voir qu'elle ne se remettrait jamais. Son esprit, peu fait pour les sentiments

---

[1] Voir un article dans *Mac Millan's Magazine,* mai 1883.

tristes, rebondissait encore par intervalles. Elle aimait la mer, les bois, la vue de la campagne et son animation. Elle se plongeait avec ardeur au milieu des vieux livres d'une excellente bibliothèque ; nous avions une maison pleine d'enfants et de jeunes gens dont elle était l'idole, et une petite voiture dont elle se servait pour prendre l'air sans se fatiguer. »

Après son retour à Paris, il lui arriva un accident qui l'agita beaucoup. Elle raconte ainsi l'histoire à madame Schérer :

« Chère amie, je suis sortie ces deux jours-ci avec une compresse d'arnica sur la jambe au-dessous du genou. Si M. Hauréau n'avait pas été aussi grand et aussi fort, je serais tuée aujourd'hui, et les papiers de mon cher mari dispersés ou perdus ; car qui s'occupe maintenant de ceux qui sont partis ? Je ne puis vous dire combien je suis heureuse sous ce rapport que ma vie ait été épargnée.

« C'était en descendant un petit escalier de l'imprimerie, vieux, sale, sombre; comme une sotte que je suis, j'avais consenti à le monter pour voir je ne sais quoi; non que j'en eusse la moindre envie, mais ma gentille nièce, Margy, avait accueilli avec joie la proposition de M. Hauréau, et je n'avais pas le cœur de lui refuser. Il nous précédait sur l'escalier, trois ou quatre marches en avant. Jamais je n'oublierai la terreur que j'ai eue en me sentant tomber ! J'ai failli m'évanouir de peur, rien que de peur, car mes jambes seulement ont été contusionnées, et heureusement je suis assez légère pour n'avoir pas renversé M. Hauréau et roulé avec lui jusqu'en bas. Je ne puis m'imaginer comment mes jambes sont si atteintes; j'ai dû rester une quinzaine de jours prisonnière.

« Combien je vous désire près de moi ! Ce serait ma plus grande consolation. Ma chère madame d'Abbadie ne sera ici qu'en

avril. Elle et son mari ont passé l'hiver à
Paris seulement à cause de mon malheur si
cruel de l'an dernier, car, comme des origi-
naux qu'ils sont, ils habitent Paris le printemps et une partie de l'été, et l'automne
et l'hiver ils vont dans les Pyrénées, où ils
prétendent qu'il fait plus chaud. J'ai d'autres bons voisins, pas délicieux comme
madame d'Abbadie, mais bons et excellents ; mais eux aussi se croient obligés de
quitter Paris l'hiver. N'est-ce pas ridicule ? »

C'était bien vrai de dire qu'elle se réjouis-
sait d'avoir eu la vie sauve pour l'amour
des papiers de son mari. Elle consacra dès
lors toute son énergie à la publication de
ses travaux, toute prête, pour y réussir, à
dégringoler encore les escaliers noirs de
l'imprimerie et de l'Institut, et à courir la
ville en tous sens. Elle écrit à madame
Schérer : « La petite édition du *Shah-Nameh* de mon mari sera bientôt publiée ; ce
n'est qu'une traduction en français, il n'y a

pas un mot de persan; heureusement il avait manifesté son désir de la publier, j'accomplis sa volonté. Pensez-vous que M. Schérer en rendrait compte dans le *Temps?* Il n'est pas nécessaire d'être orientaliste pour cela, il me semble. Demandez-lui ce qu'il en pense. Je m'en rap· porte à lui [1]. »

Elle trouvait une triste consolation à relire les lettres de M. Mohl. Voici encore ce qu'elle écrivait à madame Schérer : « Je pars demain pour Stors, et j'y resterai trois semaines, si je ne suis pas fatiguée. J'ai refusé d'y aller depuis que j'ai perdu mon

---

[1] Le plus important des ouvrages de M. Mohl est sa traduction du *Shah-Nameh* (le livre des rois) de Firdousi, avec le texte persan et la version française. La publication de ce travail l'occupa depuis 1838 jusqu'à la fin de sa vie. Après sa mort, madame Mohl en fit une petite édition plus accessible aux étudiants que les six magnifiques in-folio qui nous restent comme le principal monument de l'érudition de son mari. Ses premiers essais furent des traductions chinoises de *Y-King* et de *Chi-King,* et quelques fragments de Zoroastre traduits du persan.

Madame Mohl collectionna aussi et réimprima deux volumes des *Rapports sur les études orientales* publiés un peu partout et écrits depuis trente ans pour la Société asiatique ; les savants considèrent ces rapports comme le résumé de la profonde et vaste science de M. Mohl sur ce sujet.

mari. J'y étais si heureuse avec lui, et on l'y aimait tant ! Madame Cheuvreux m'a arraché la promesse d'y aller cette année... c'est une maison agréable, on y reçoit beaucoup. Je demeurerai dans ma chambre tant que je voudrai, et j'emporterai avec moi les lettres de mon mari qui sont toute une chronique. On me conseille de les publier. Je les relirai; peut-être, en les étudiant à ce point de vue, me déciderai-je; mais je ne ferai rien sans consulter. »

Fut-ce d'après son propre jugement ou par l'avis de ses amis? mais les lettres ne parurent pas.

L'année suivante, elle alla visiter la famille de son mari. Ses nièces, dont la présence charmante avait longtemps éclairé la rue du Bac d'un rayon de jeunesse, étaient mariées toutes deux en Allemagne : l'une, au célèbre professeur Helmholtz [1] ; l'autre,

____
[1] Le grand physiologiste de Berlin.

au baron von Schmidt Zabiérow, gouver-
neur de Carinthie. Madame Mohl aimait
ces deux nièces de son mari comme si elles
eussent été les siennes : « Je suis très-
malade, écrit-elle à madame Cheuvreux,
mais je compte cependant assister au mariage de ma chère nièce à Heidelberg. C'est
un mariage d'amour, tout à fait d'accord
avec mes principes, mais absolument contraire à mon intérêt, car elle habitera la
Hongrie. »

Quand ses parents et ses amis l'eurent
entourée de toute leur tendresse, il fallait
bien finir par reprendre sa vie habituelle ;
la solitude lui pesait davantage dans la
maison déserte. Elle avait fermé sa porte
pendant la première année de son deuil, et
quand elle la rouvrit, elle constata avec
étonnement le nombre des visiteurs les
plus assidus autrefois qui en avaient oublié
le chemin. Elle demandait avec une sorte
d'impatience : « Pourquoi ne vient-on plus

me voir ? J'avais des visites du matin au soir, et maintenant personne ne vient ! » La plainte résonnait tristement dans le salon vide qu'elle avait su rendre si séduisant, et où elle avait été si heureuse de voir la foule se succéder « du matin au soir ».

Elle s'était donné une peine infinie pour faire ce salon parfait dans son genre, elle avait réussi, et à présent, au déclin de la vie, il ne restait rien que la pénible surprise d'être abandonnée par cette société intelligente, savante, spirituelle, qui, pendant un demi-siècle, avait gravi son escalier sans le trouver trop roide. Triste retour du labeur de toute une vie, de tant d'efforts accomplis pour amuser ses semblables ! Peu de personnes consacrèrent leur temps autant que l'a fait madame Mohl à donner agrément et gaieté à tout ce qui les entoure, et si nous considérons combien d'êtres trouvent la vie à charge, combien se débattent contre l' « inexorable ennui », ce mal qu'ils augmentent plutôt par leurs tentatives maladroites pour le diminuer, il faut reconnaître que la femme qui a su créer et mettre à la portée d'un grand nombre de ses semblables un centre de plaisir sain, intelligent et distingué, a bien mérité de l'humanité. Ce fut donc une ingratitude blâmable d'abandonner dans sa vieillesse solitaire l'aimable et spirituelle femme dont toute la vie avait été vouée au bonheur de ses amis.

Pendant son veuvage, elle dit un jour à madame Cheuvreux : « J'ai toujours cherché à plaire, mais je ne me pardonne pas de n'y avoir pas travaillé davantage, d'avoir manqué bien des occasions. » Après un instant de réflexion, elle ajouta : « Car, au fond, il n'y a que cela. » Elle arrivait à la fin de toutes choses ; elle voyait ce que valait ce fond.

Très-fidèle à toutes ses amitiés, rien ne lui était doux comme de retrouver un ami du vieux temps dont les circonstances l'avaient séparée. M. de Maupas, tout jeune homme, était un des habitués du salon de madame Clarke; mais il s'était éloigné de Mary après son mariage. Il avait accepté une charge sous « celui-ci », on ne pouvait donc plus le recevoir en bonne compagnie. L'Empire tomba; l'ancien préfet de police était devenu vieux, malade, paralysé. La comtesse de ***, ancienne amie de M. de Maupas et de madame Mohl, parla d'elle un jour devant lui. Son regard s'éclaira, et il s'écria : « C'est la femme la plus spirituelle que j'aie connue !» Madame de *** s'empressa de répéter la conversation à madame Mohl, qui, très-heureuse de ce gracieux souvenir, alla chercher un portrait au crayon de M. de Maupas qu'elle avait dessiné dans sa jeunesse, et pria madame de *** de le lui donner. Mais madame de *** s'en défendit. « Non, lui dit-elle, portez-le-lui vous-même, il sera bien mieux

accueilli. Et vous le savez, c'est une œuvre
de miséricorde de visiter les malades. »

Madame Mohl consentit à accomplir
cette œuvre de miséricorde. Sa visite fut
annoncée, et toute la famille se rassembla
pour la recevoir. M. de Maupas, incapable
de quitter son fauteuil, l'accueillit avec une
profonde émotion. Ils restèrent longtemps
ensemble, s'électrisant l'un l'autre par cet
appel magique : « Vous souvient-il ? » qui
ouvre les palais enchantés du passé, réveille les échos et fait vivre les rêves.
M. de Maupas l'invita à un dîner où il avait
convié en son honneur des personnages
marquants. Cette charmante réunion fut
un des derniers rayons de la gloire sociale
de madame Mohl. Une jolie débutante à
son premier bal, disait madame de ***, n'a
jamais reçu d'ovation plus flatteuse que
celle dont cette nonagénaire fut l'objet à
l'occasion de ce dîner. On n'y parla pas
politique ; le plaisir de se rencontrer après

une si longue séparation remplissait tous les cœurs.

Madame Mohl n'avait jamais aimé la solitude, mais dans ses dernières années elle lui était devenue intolérable. Depuis la mort de son mari, elle ne pouvait plus rester seule. En 1880, au mois d'août, elle se rendit, comme d'habitude, en Angleterre, et de Wormshill (Berkshire) elle écrit à madame Schérer :

« Je suis mieux déjà depuis que je suis ici. A Paris, mon état ne pouvait plus se décrire. Je ne voyais pas une âme du lundi au samedi ; jamais Paris n'a été si délaissé. Je suis venue près de ma nièce, ma meilleure amie, je me trouve mieux ; il ne faut pas que je sois seule ; cela ne m'était pas arrivé jusqu'à présent. Tout le monde a quitté Paris au commencement de juillet ; ces trois dernières semaines m'ont révélé ce que je ne connaissais pas encore sur moi-même.

« D'ici à une vingtaine de jours, j'irai chez mon amie madame Simpson, à Bournemouth ; si je m'y trouve bien, j'y resterai, sinon, je partirai. Mais il y a là une société agréable, entre autres une certaine lady Shelly, que je ferais bien du chemin pour voir encore. J'ai appris à être très-peu exigeante, car je ne puis rester seule, il faut que j'aie quelqu'un. Je ne veux pas dire que je manque de gens pour m'aimer, mais j'ai besoin d'avoir toujours quelques personnes près de moi. »

Quelques semaines plus tard, elle écrit, d'une autre maison hospitalière :

« Je suis chez une de mes plus vieilles et meilleures amies, madame Bonham Carter. Si je vous dis des choses sans suite, pardonnez-le-moi, je vous prie, car il y a ici une femme qui débite sans cesse à mon oreille de si grosses bêtises ! .Je n'ai pas entendu un bavardage d'une niaiserie si dévergondée depuis que je suis privée de voir des personnes de mon sexe, *plus souvent qu'il ne me plaisait.*

« Je suis honteuse de mon silence, chère bonne amie. Mais je deviens bête ; je reste assise longtemps sans rien faire, pensant difficilement, l'esprit alourdi. Au lieu de gagner dans la solitude, j'y dépéris, et la perte de mon mari m'apparaît comme la ruine de tout..... J'étais avec ma nièce, madame Vickers, dans le Berkshire, puis je suis venue ici dans une campagne ravissante, à huit ou dix milles de Londres. Hilary Carter est morte, il y a quelques années. C'est la meilleure amie que j'aie jamais eue, et mon cher mari l'aimait comme moi. Nous avons été bien affligés de sa mort, il doit y avoir plus de seize ans. Comme le temps passe ! Sa mère et sa sœur, avec lesquelles je suis ici, sont aussi bonnes pour moi qu'elle l'eût été elle-même. J'ai un véritable chagrin de les quitter bientôt, mais il le faut : d'abord, par discrétion, ensuite parce que je dois voir mon neveu en septembre, dans le Leicestershire. Je retournerai probablement à Paris en octobre, mais je n'ai pas encore fixé la date. Le fait est que je crains Paris vide. J'y suis restée l'année dernière jusqu'au 25 juillet, et pendant près de deux mois je ne voyais plus personne. Je me croyais capable de supporter la solitude; c'était une erreur, je ne veux pas en courir le risque de nouveau. »

Elle revint à Paris vers la fin de septembre, et le 1ᵉʳ octobre elle écrivait à madame Schérer :

« Chère amie, je trouve votre lettre à l'instant. Je suis arrivée de Londres mercredi, dans la soirée ; j'étais partie à sept heures du matin.

« Il me semble que j'ai perdu mon pauvre mari la semaine dernière ; jamais, jamais je ne m'en consolerai. J'irai au Père-Lachaise aujourd'hui, avec ma nièce Ida. »

Le vieux cimetière, avec ses chapelles silencieuses et ses tombes fleuries, vit rarement un spectacle plus triste que celui de cette veuve presque centenaire, assise sur un tertre élevé, par une froide matinée d'automne, regardant de loin le cercueil de son mari qu'elle faisait transporter de sa tombe provisoire à celle qu'elle lui avait préparée ; puis s'en allant à la dérobée, tout en larmes sous son voile noir, et rentrant dans sa maison déserte sans avoir été reconnue.

Cependant, sa santé déclinait. Elle souffrait beaucoup de temps à autre, et, comme la plupart des personnes qui vivent seules, elle ne se soignait pas. Il fallut enfin recourir à un médecin.

« Je vais déjà mieux à la suite du traitement du docteur Guéneau de Mussy, écrit-elle à madame Cheuvreux. Nous parlons de vous, lui et moi. Il dit qu'il vous connaît depuis longtemps et qu'il regrette de ne pas vous voir plus souvent. Si cela vous plaît, il sera charmé de renouer ses relations avec vous. C'est un homme très-agréable, plein d'esprit, et si amusant ! »

Madame Mohl n'était pas la seule des clientes du sympathique médecin à regarder comme un plaisir d'être malade pour avoir une visite de lui. Elle lui témoignait toutes sortes d'égards, et lui laissa une touchante marque de sa gratitude pour les soins affectueux qu'elle en avait reçus. La reine de Hollande avait fait copier pour M. Mohl la *Leçon d'anatomie* de Rembrandt, et, après la mort de madame Mohl, madame von Schmidt Zabiérow, sa nièce, envoya ce tableau au docteur Guéneau de Mussy. Son nom était écrit de la main de la donatrice au dos du tableau, et il se rappela que, plusieurs années aupara-

vant, elle lui avait dit : « Ce sera pour
vous. »

Si madame Mohl jouissait des visites de
M. Guéneau de Mussy, le plaisir semble
avoir été réciproque. Il la voyait surtout
quand elle était malade, par conséquent
dans un moment peu favorable à la conversation, et cependant elle était toujours
originale et amusante. Une des dernières
fois qu'elle le fit appeler, il la trouva extrêmement affaiblie, ayant à peine la force de
dire : « J'ai fait des bêtises. » On n'entendait
presque plus sa voix. Il la ranima doucement, et alors elle put lui expliquer sa « bêtise » : « J'avais une envie folle d'entendre
un peu de musique italienne; je descendis
et attendis dans la rue l'omnibus qui va au
théâtre ; j'y montai, j'arrivai, mais il n'y
avait plus une seule place, excepté au paradis. Cela ne m'a pas empêchée de trouver
la soirée délicieuse. Mais j'ai eu toutes les
peines du monde à retrouver mon omnibus

pour regagner la maison... Enfin, je n'en puis plus ! »

Quelle énergie de corps et d'esprit pour une femme de quatre-vingt-dix ans ! Du reste, elle conserva jusqu'à la fin une incroyable agilité, et montait son escalier quatre à quatre ; mais comme la force n'égalait pas l'agilité, quand elle s'était permis quelque petite « extravagance », comme elle disait, elle tombait anéantie.

A la suite d'une de ces petites extravagances qui rendaient les soins du docteur de nouveau nécessaires, elle alla se remonter à Stors, et y passa un mois bien heureux. Elle y avait rencontré, l'été précédent, son vieil ami M. Thiers : dernière rencontre de ce côté du tombeau. Peut-être en eurent-ils tous deux le pressentiment, car ils se rappelèrent dans de longues confidences les jours d'autrefois, et M. Thiers déclara alors les tendres sentiments qu'il avait conçus pour elle, lorsque, petit étudiant, il

provoquait les lamentations de la concierge par la durée de ses visites. Il ne lui
avait pas fait part de son amour, prétendait-il, n'ayant rien d'autre à offrir. Vrai ou
non, madame Mohl crut à cet aveu et en
fut très-émue. Les intimes de M. Thiers in-
clinent à penser qu'il se moquait un peu
d'elle, supposition fort admissible, et qu'on
peut ajouter, sans scrupule, à tant d'autres
accusations dont la mémoire du libérateur
du territoire est chargée. Quoi qu'il en
soit, l'aveu réveilla les anciens sentiments
de madame Mohl, et elle éprouva un vif
chagrin de la mort de l'illustre homme
d'État. Elle écrivit à madame Cheuvreux la
lettre suivante, le jour même des funérailles de M. Thiers, qui eurent lieu immédiatement après sa longue visite à Stors :

« Chère amie, vous êtes bien avare de
votre encre et de votre papier. Jamais vous
ne me racontez un seul mot de vos petites

affaires, comme si, après avoir passé un mois chez vous, et y avoir été traitée avec toute la distinction possible, aussi bien qu'avec la plus grande tendresse, je ne m'intéressais à rien de ce qui vous touche. Êtes-vous assez dénuée de principes que vous songiez à m'oublier ? Les affaires de Stors ne me regardent-elles pas ? C'est très-mal de m'avoir donné à penser que j'étais de la famille (et je l'avais si bien adoptée dans mon cœur) et ensuite de me laisser dans l'ignorance totale de tout, et cela après m'avoir fait raconter l'histoire de mon mariage pour vous amuser !

« J'ai été si absorbée par le pauvre Thiers (et vous aussi, sans doute), que je n'ai pas pensé à votre mauvaise conduite envers moi, autant que je l'aurais fait, si cette mort et les journaux n'avaient pas rempli mon esprit. Heureusement, j'ai ici dans la maison un brave vieux monsieur, qui ne me contredit pas, M. Trélat; il a été autrefois directeur de la Salpêtrière pendant plus de vingt ans, je crois. Il est si vieux qu'il a peine à monter mes étages, et ne peut presque plus se lever de son fauteuil; mais il a les yeux et l'esprit encore pleins de vie. Il est sourd, et, comme le commandant, ne veut pas se servir de la trompette; je le déplore, parce que même ma voix claire ne suffit pas toujours, et je ne puis causer avec lui autant que je le voudrais. Sans cela, nous nous irions comme une paire de gants. Il a été, prétend-on, exagéré en politique, mais c'est un homme d'une parfaite loyauté.

« C'est aujourd'hui l'enterrement; il pleut à torrents sans une minute de répit. Je suis irritée au dernier point de cette pluie, qui dérange la solennité du programme. Le gouvernement et les journaux sont indignes. Adieu, chère *méchante;* si vous ne m'écrivez pas, je vous aimerai toujours autant, mais je serai bien en colère. »

« Chère, chère amie, écrit-elle encore un peu plus tard à madame Cheuvreux, dans un moment d'amère tristesse, il est difficile à une lettre de faire autant de bien que la vôtre m'en a fait, surtout comme preuve de votre ancienne, tendre et loyale affection. Oh ! quelle douceur d'avoir des amis tels que vous, quand on est dans le chagrin comme moi ! »

Elle se reprenait quelquefois à la vie, et évitait tout ce qui pouvait entretenir son chagrin ; mais à la longue il la domina et elle resta sans consolations.

Ses facultés, intactes jusqu'alors, commencèrent à décliner. Elle perdit presque complétement la mémoire, déjà un peu altérée, après la mort de M. Mohl. Elle oubliait totalement les événements d'un jour à l'autre. Par exemple, elle descendait le matin chez madame d'Abbadie, qui demeurait un étage au-dessous d'elle, et s'écriait

tout agitée : « Ma chère, donnez-moi l'adresse
de votre homme d'affaires. Je veux lui con-
fier mon argent, je ne sais où le mettre, et j'ai
peur de le perdre. » Elle prenait le nom et
l'adresse, s'en allait calmée, et le lendemain matin elle renouvelait la même scène
avec la même agitation.

Elle n'avait pas adopté l'habitude anglaise de déposer son argent chez un ban-
quier ; elle le plaçait dans un meuble quelconque, quelquefois au grand souci des
amis chez lesquels elle était en visite. Vers
la fin de sa vie, cette coutume bizarre
tourna à la manie ; elle cachait de grosses
sommes derrière des tableaux, sous des
coussins, n'importe où ; elle avait de cette
manière jusqu'à vingt, trente, quarante
mille francs quelquefois, répandus à travers
son salon ; puis elle oubliait ce qu'elle en
avait fait, s'imaginait avoir été volée, et,
désespérée, passait tout le jour à chercher,
n'osant rien dire à ses servantes, mais con-

fiant ses craintes à quelque ami, et le priant de l'aider dans ses recherches. Quand tout était retrouvé, elle était comme une enfant à qui l'on rend le sou perdu.

M. John Field la trouva un jour avec une somme importante posée sur la table à côté d'elle; le lendemain, il reçut un petit billet lui demandant s'il pouvait lui dire où elle avait mis cet argent. Inutile d'ajouter que M. Field éprouva un véritable soulagement lorsqu'il apprit qu'il était retrouvé.

Son neveu, M. Ottmar von Mohl, qui venait chaque année à Paris, assistait avec tristesse au déclin de ces facultés si brillantes ; mais il constatait avec satisfaction et avec étonnement la vitalité des affections du cœur. Par exemple, dès que madame d'Abbadie entrait, toute la personne de madame Mohl se ranimait ; son esprit petillait, elle parlait avec sa vivacité accoutumée, ses éclats de rire égayaient le salon. Mais aussitôt que cette aimable amie se retirait, la pauvre femme s'affaissait et retombait dans sa somnolence.

Ce triste état mental augmentait une
certaine tendance naturelle à l'avarice ;
madame Mohl n'en arriva jamais, pourtant,
à préférer son argent à ses amis. Son affection pour madame Wynne Finch était devenue plus profonde et plus tendre, depuis
que cette courageuse amie lui avait révélé
la mort prochaine de M. Mohl : « Ma chère,
lui disait-elle souvent, je n'ai point de dîner
pour moi ; mais que cela ne vous effraye
pas. Il y a en face un excellent pâtissier,
j'enverrai chercher les plats que vous
aimez, ils seront tout chauds ici en cinq
minutes. Venez donc quand vous pourrez,
et soyez sûre que vous ne viendrez jamais
assez souvent. » Et tout économe qu'elle
fût devenue pour elle-même, elle aurait
payé avec empressement plusieurs fois par
semaine ces petits plats « tout chauds »
pour son amie.

Il est curieux de remarquer comment le trait caractéristique de son esprit, son ardente curiosité intellectuelle, signe le plus sûr, suivant le célèbre docteur Johnson, d'une vigoureuse intelligence, survécut au naufrage de sa mémoire. Un jour, elle reçut la visite d'une dame qui avait habité longtemps l'Australie. Madame Mohl n'avait pas le moindre souvenir de l'avoir vue et ne se rappelait rien sur elle. « Ma chère, lui dit-elle, je crois que je vous aimais beaucoup autrefois ; mais je vous ai complétement oubliée ; n'importe, dites-moi qui vous êtes. » La visiteuse ne parvint pas à établir son identité ; mais quand elle parla de l'Australie, madame Mohl, pleine de curiosité, l'accabla de questions : « Ainsi, ils parlent anglais ? Comme c'est extraordinaire ! Comment s'habillent-ils ? Sont-ils nus comme des sauvages ? » Et ainsi de suite, s'enquérant des ressources de la colonie, de la population, des usages, comme elle l'aurait fait autrefois en apprenant la découverte d'une île nouvelle. Dès qu'elle avait saisi de quoi on lui parlait, elle prenait part à la conversation avec autant de clarté et d'intérêt que par le passé.

Dans l'été de 1881, deux ans avant sa mort, M. et madame Wheelright, de Boston, vinrent la voir. Les notes de madame Wheelright nous la montrent dans sa quatre-vingt-onzième année : « Une étrange petite femme vint nous recevoir, très-amaigrie, les cheveux gris en désordre, une masse de boucles qu'elle relevait sans cesse lui tombant sur le front et jusque sur les yeux; sa robe de soie noire, usée jusqu'à la corde, laissait le cou à découvert. Une ruche d'une propreté plus que douteuse ornait le bord de son corsage qui se déboutonnait tout seul et qu'elle refermait constamment avec ses doigts fiévreux. Ses yeux étaient encore beaux et expressifs, et

ses manières engageantes en dépit de quelques excentricités, comme de se pelotonner
et dépelotonner dans un coin du canapé. »

Un fragment du journal de M. Wheelright complète ce tableau, familier aux
habitués de la rue du Bac : « Le canapé
de madame Mohl était au milieu de la
chambre, à angle droit avec la cheminée,
tournant le dos aux fenêtres ; à côté une
petite table couverte de livres, avec un
encrier, un vase d'agate en forme de verre
rempli de porteplumes et de plumes, la
pointe en l'air tout encroûtée d'encre ;
le vase lui avait été donné par un ami en
Angleterre ; l'aspect de cette pièce était
charmant, chaque objet vieux et à la
vieille mode, style Empire. Il y avait un
encombrement de fauteuils de toutes formes et de toutes grandeurs. Elle me les fit
remarquer et me demanda si j'en avais
déjà vu autant dans une seule chambre. »

Elle parlait avec une grande clarté de

ce qui s'était passé il y avait quarante,
soixante, soixante-dix ans; mais les événements récents se confondaient dans son esprit. Elle ne se rappela rien de ses Mémoires
de madame Récamier, lorsque M. Wheelright la mit sur ce sujet : « J'ai écrit un livre,
cher monsieur ? Je ne m'en souviens pas. »
Mais de madame Récamier elle-même, de
Chateaubriand, elle se souvenait très-bien.
« Il était le plus agréable des hommes »,
selon elle. « Mais, remarqua madame
Wheelright, n'était-il pas vain et égoïste ? »
Elle répondit : « Les égoïstes ne sont pas
nécessairement désagréables, ma chère ; et
leur vanité, même, leur donne le désir de
plaire. Madame Récamier ne paraissait
pas vieille, tant elle se tenait droite ; elle
avait bien plus de bon sens qu'on ne lui en
attribuait ; elle avait beaucoup lu et était
très au courant de la littérature moderne.
J'aimais surtout la voir seule, en tête-à-
tête, elle était délicieuse ainsi, mais ce

n'était pas facile, car elle était très-entou-
rée. »

Madame Mohl parla très-affectueuse-
ment de Mérimée. Madame Wheelright, à
propos de ses lettres, lui demanda si elle
savait le nom de la mystérieuse *inconnue* :
« Oui, répondit-elle, j'ai vu mademoiselle D***, qui était certainement l'*inconnue*. Personne n'en a rien su jusqu'à la
publication des lettres, mais alors tout le
monde le devina. Mademoiselle D*** ne
se donna aucune peine pour garder l'inco-
gnito. Pourquoi les a-t-elle laissé publier ?
Elle le fit comme on se promène quand
on a du chagrin, non pour le plaisir de la
promenade, mais parce qu'il faut faire quelque chose. Elle édita les lettres pour se
désennuyer, après la mort de Mérimée.
On s'est demandé pourquoi ils ne se sont
pas mariés. Lui ne s'en souciait pas, il
était à l'aise comme garçon, mais pas assez
riche pour avoir un ménage. Proba-

blement aussi, il tenait à sa liberté. Leurs relations étaient très-secrètes, afin que les mauvaises langues ne pussent pas en jaser. »

M. et madame Wheelright revinrent un soir ; ils trouvèrent madame Mohl fort triste devant sa tasse de thé solitaire. Les hautes fenêtres du salon, ouvertes, laissaient voir le sommet des vieux arbres des jardins environnants ; dans le lointain le dôme *doré* des Invalides se dessinait. Le soleil couchant jetait un reflet rose dans toute la pièce : « Madame Mohl, affaissée, nous répéta plusieurs fois, coup sur coup, la douloureuse histoire de la mort de son mari et de celle de sa sœur. Elle nous montra le portrait d'une très-jolie femme, fort bien peint, c'était sa sœur ; puis celui de M. Mohl, un dessin à la mine de plomb ; tête fine, pensive, qui avait bien le type allemand. Elle nous conduisit ensuite à sa fenêtre et nous fit voir les jardins ; l'un d'eux était celui des missionnaires[1] du nord de l'Afrique dont la charité populaire entretient les résidences lointaines ; puis elle nous raconta une querelle avec sa cuisinière : — Je l'ai depuis dix ans, et je croyais qu'elle m'était attachée ; mais, ma chère, c'était une illusion. Elle ne tient pas du tout à moi, et elle a monté la femme de chambre à demander une augmentation de gages ; je vais être forcée de les renvoyer toutes les deux. Quand j'allais en Angleterre, autrefois, je n'emmenais personne. Maintenant je ne sais plus que faire, ni où aller. Jamais je n'ai été à Paris si tard (juillet). — Ses livres étaient sa seule ressource, disait-elle. En effet, lorsque nous entrâmes dans son salon, elle lisait attentivement le *Nineteenth Century,* tout en remuant son thé. L'éditeur le lui envoyait, nous dit-elle. L'*Histoire contemporaine* de Justin M'Carthy était à

[1] Les Missions étrangères.

côté d'elle : — Un bel ouvrage, ma chère ;
je passe mes soirées à le lire, et je ne me
couche pas avant minuit. Nous lui fîmes
parler du vieux temps en le comparant avec
celui-ci : — Il n'y a plus de société, disait-
elle. Louis-Philippe était le meilleur des
rois ; la France ne s'en est aperçue qu'après
son départ. De son temps, la société était
délicieuse ; une dizaine de personnes allaient
l'une chez l'autre le soir, ou plusieurs fois par
semaine, à tour de rôle ; on cherchait à
plaire, on contait des histoires, des nouvelles intéressantes ; chacun y prenait part,
c'était ravissant. Nous venions précisément
de rencontrer une de ses vieilles connaissances, M. P. B..., de Boston. — M. P. B...,
dit-elle, je ne me le rappelle pas, mais j'ai
connu beaucoup d'Américains charmants.
Pourquoi ne vient-il pas me voir ? Je ne
puis comprendre pourquoi l'on m'aban-
donne ainsi. Elle prit tellement à cœur
l'oubli de M. P. B..., que nous nous hâtâmes

de l'assurer qu'il ne faisait que traverser Paris. »

Elle se plaignait de l'absence des visites et s'en lamentait constamment avec tout le monde. « J'avais une foule de gens aimables autour de moi, personne ne vient plus. Pourquoi? Je ne puis le comprendre.»

Mais si la foule des gens aimables qui venait rue du Bac au temps de son éclat ne connaissait plus le chemin du salon solitaire, du moins quelques vrais amis restaient sincèrement attachés à madame Mohl. Leur fidélité formait un contraste frappant avec la désertion des chercheurs de plaisir. Parmi ces fidèles, se trouvaient madame et mademoiselle Tourguenieff, dont l'amitié longtemps éprouvée s'accroissait avec le besoin qu'en avait leur amie ; M. et madame d'Abbadie, ses plus proches voisins, et Mignet. Mais aucun ne lui était dévoué comme M. Barthélemy-Saint-Hilaire, l'ami de sa vie. Après la mort de M. Mohl, il abandonna ses études, son cher Aristote, et consacra tout son temps pendant six mois à accomplir la pénible mission d'exécuteur testamentaire. Madame Mohl s'accoutuma si bien à l'avoir auprès d'elle toujours disposé à la conseiller, à la distraire, à l'aider, qu'au moment de sa nomination au ministère des affaires étrangères, elle s'indigna de voir forcément cesser ces douces relations de chaque jour, et s'en plaignait comme d'un abandon cruel, comme d'une trahison. Quand le nom de M. Saint-Hilaire était prononcé devant elle, elle interrompait vivement : « Je ne le vois jamais ; il n'a plus souci de moi, c'était de M. Mohl qu'il se souciait, je le vois bien maintenant. »

Mais le déserteur, déchargé du fardeau des affaires publiques, revint aussitôt rue du Bac. Madame Mohl poussa un cri de joie en le voyant, et se jeta à son cou comme un enfant : « Vous voilà enfin ! Vous m'aviez abandonnée ! Que vous avais-je donc fait ? » M. Saint-Hilaire, très-touché tout à la fois des reproches et de l'accueil, essaya de lui faire comprendre que ce n'était pas sa faute, qu'il allait reprendre les anciennes et intimes relations interrompues par les affaires de l'État. Elle se calma, mais elle exigea sur l'heure la promesse qu'il viendrait dîner tous les vendredis avec elle, tant qu'il ne serait pas de nouveau ministre. M. Saint-Hilaire le promit, et tint scrupuleusement sa parole jusqu'à la fin. Il affirme qu'il n'y eut aucun mérite, que la conversation de madame Mohl était aussi intéressante, aussi piquante que dans ses belles années. La perte de la mémoire et sa manie sur les questions d'argent étaient très-pénibles ; mais en dehors de cela, elle était la même maîtresse de maison qu'autrefois, gaie, amusante, séduisante.

L'idée qu'elle avait perdu toutes ses ressources empoisonna la dernière année de sa vie ; elle croyait n'avoir plus de rentes à toucher, et se préoccupait d'avoir à quitter son appartement, faute d'argent pour payer le terme. M. Saint-Hilaire, sachant ces craintes dénuées de fondement, l'engageait à aller chez son homme d'affaires, qui lui donnerait tout ce dont elle aurait besoin. Une fois l'esprit tranquillisé, elle se reprenait à causer sur toutes choses avec le même entrain. Mais c'était chaque fois à recommencer.

Physiquement, elle conservait la vivacité d'une jeune fille, et courait partout, portant ses quatre-vingt-treize ans comme si elle en avait eu dix-neuf. Peu de mois avant sa mort, madame Milner Gibson vint la voir ; malade elle-même, elle ne pouvait monter les escaliers et envoya sa carte. Madame Mohl, en apprenant que sa vieille amie attendait une réponse, courut en bas comme elle était, sauta dans la voiture, et se mit à parler de M. Mohl et à pleurer sur lui, comme si elle venait de le perdre.

Ses derniers fidèles racontent qu'elle continuait à souffrir amèrement de la mort de son mari. Ils la trouvaient le soir assise au coin du feu, les pincettes à la main, tisonnant tristement, vraie image de l'isolement et de la désolation. Elle commençait aussitôt à parler de M. Mohl, rappelant tout ce qu'il avait été pour elle, son dévouement, son habileté dans l'administration de leurs affaires, sa fidélité à ses amis, sa bonté, sa science prodigieuse, etc. Et tout en causant, de grosses larmes roulaient sur ses joues ridées, et les petites boucles grises s'agitaient, secouées par l'émotion qui l'envahissait tout entière.

Elle n'avait jamais rencontré dans toute sa vie une heure d'ennui, disait-elle dans ses dernières années; la douleur, l'angoisse, oui, mais l'ennui, jamais.

Cette assertion semble difficile à accepter, car l'ennui est une loi fatale qui s'impose plus ou moins à tous ; mais en tenant compte de l'immense exagération avec laquelle elle s'exprimait, on peut admettre que madame Mohl en fut bien plus exempte que le commun des mortels. Son heureux caractère lui faisait prendre le monde comme il est, et le trouver un endroit fort agréable, rempli de gens d'esprit ; elle était satisfaite d'elle-même, de sa position, de sa fortune, de la part qui lui était échue, de tout l'ensemble de son existence. Il y avait même chez elle — et ceci soit dit sans paradoxe — un certain *unworldliness, unworldliness* négatif, un mépris des conventions du monde, qui la préservait de cette agitation malsaine inséparable du *worldliness* positif. Elle se souciait comme d'un fétu d'une foule de choses dont la privation cause aux personnes imbues de l'esprit du monde une irritation perpétuelle.

Son but n'était guère élevé, il pouvait être atteint sans peine, sans effort. Et le but établit toute la différence parmi les hommes. Se plaire et plaire à autrui, sans être gêné par cet idéal qui impose le sacrifice, aplanit bien des choses dans le chemin de la vie. Madame Mohl avait, disait-elle, toujours cherché à plaire, estimant qu' « au fond, il n'y a que cela ». Elle avait réussi ; la semence soigneusement confiée à la terre pendant trois quarts de siècle lui avait rapporté une moisson abondante. Très-connue, très-aimée, elle avait su plaire comme peu de femmes de son époque ; mais quand elle perdit la faculté de plaire, il ne lui resta rien à mettre à la place, et sa vie si brillante, si remplie, si agréablement animée, s'éteignit dans l'isolement, la tristesse, l'obscurité. Cet ennui, qu'elle avait éloigné de toutes ses forces, la saisit à la fin, lorsqu'il la trouva désarmée et incapable de lutter contre lui.

Elle sentit la mort approcher, et vit venir la nuit sans crainte apparente. Elle dit :

plusieurs fois à une amie dont le courage
l'avait soutenue dans une crise mémorable :
« Je suis grandement confuse quand, en
repassant ma vie devant Dieu, je vois combien j'aurais pu être meilleure et faire plus
de bien. » Son amie l'assurait que ce sentiment d'avoir été une servante inutile, et ce
chagrin de n'avoir pas fait assez de bien,
étaient sa meilleure expiation ; elle en
éprouvait un grand soulagement, et recom-
mençait à s'accuser pour entendre de nouveau les paroles de consolation.

M. Saint-Hilaire continuait à venir toutes les semaines. Un vendredi, le 11 mai,
il dîna en tête-à-tête avec madame Mohl
pour la dernière fois. « Jamais, me ra-
conta-t-il, elle ne fut plus agréable ; originale, piquante, en verve comme dans ses
beaux jours. » Elle avait commencé,
comme d'habitude, par lui ressasser son dé-
nûment, et sa terreur d'être à court d'argent pour le terme ; il parvint à lui mettre

l'esprit en repos sur ce point, elle se calma, et causa sur le vieux temps, sur leurs souvenirs mutuels, et sur tout cela elle avait l'esprit très-lucide.

Après dîner, elle parut fatiguée, se reposa sur son canapé, et quand le thé arriva, elle pria M. Saint-Hilaire de le faire : « C'était pour moi un mauvais signe », dit-il, en citant avec émotion cet incident de leur dernière soirée. En effet, c'était la première fois qu'il la voyait, pendant leur longue intimité, prier quelqu'un d'intervenir dans la confection du thé. Il s'en défendit : la responsabilité était trop grande, il voulait bien verser l'eau, mais quant à mettre le thé, non. Elle rit, et lui répéta encore une fois que ne pas aimer le thé était le seul défaut de son caractère. Il partit à minuit, la laissant très-gaie.

Le lendemain, elle eut une sorte de défaillance. Sa femme de chambre courut chercher madame d'Abbadie, qui monta aussitôt. Mademoiselle Tourguenieff fut appelée ensuite ; ces deux fidèles amies ne la quittèrent plus.

Au milieu des ombres de la mort, son esprit conservait toute sa vivacité. Le docteur ayant ordonné des frictions calmantes, madame d'Abbadie les fit avec une extrême douceur : mais la malade cria qu'on l'écorchait vive. Madame d'Abbadie protesta qu'un enfant même ne l'aurait pas sentie, tant sa main était légère. « Oh ! oui, repartit madame Mohl, vous croyez ; la peau d'autrui est si dure ! »

Son favori, le chat de Perse, sauta sur le lit. Elle le flatta en disant : « Il est si distingué ; sa femme ne l'est pas du tout, mais il ne s'en aperçoit pas ; il est en cela comme bien d'autres maris. »

Madame d'Abbadie se mit en prières à côté de son lit, et la mourante s'unit avec ferveur et avec une entière connaissance à tout ce qu'elle disait. Elle s'endormit avant le coucher du soleil, le 15 mai 1883. On l'enterra entre Fauriel et Jules Mohl.

Une vie heureuse vient de s'achever; la porte d'un salon célèbre est close pour toujours. Avant de nous en séparer, arrêtons-nous un moment sur le seuil, étudions l'énigme du caractère de madame Mohl, et cherchons la clef du problème psychologique qu'il nous propose.

Rappelons-nous d'abord qu'elle était à tous les points de vue un enfant du dix-huitième siècle. Madame Clarke l'était plus encore, élevée par une mère dont Hume était l'oracle ; Hume, l'incrédule, qui, dans son testament, demanda des messes pour le repos de son âme, afin que si, par hasard, le catholicisme était la vérité, il eût le bénéfice des prières d'une Église qu'il avait constamment niée et attaquée. Sans doute, madame Clarke avait été élevée

comme la plupart des personnes de sa génération et de sa situation sociale, avec le manuel à la mode de son temps, les sermons de Blair, desquels M. Leslie Stephen a dit [1] : « C'est le dernier degré de la décadence théologique », et desquels M. Lilly écrit : « Ces pages sont remplies de bagatelles pompeuses, de niaiseries sur l'adversité et la prospérité, d'éloges sur la première des vertus, la modération, et de preuves que la religion est avant tout un élément de plaisir. »

Rendre la vie « un élément de plaisir », voilà où était tombée la théologie en Angleterre. Se conduire avec décence, posséder une sorte de bonté sceptique pour jouir de la considération générale, telle était la règle qui succédait à la sublime doctrine chrétienne du sacrifice. C'était la négation absolue du christianisme dans sa foi et dans ses œuvres.

[1] *History of thought*, in the *Eighteenth Century*.

« Leur but principal, dit **M. Lilly,** parlant de ces docteurs (qui enseignaient le christianisme au dix-huitième siècle), paraît avoir été de percer à jour les mystères, de les dépouiller de leur caractère surnaturel, et de les réduire à un code de morale à peu près semblable aux doctrines d'Épicure et de Marc-Aurèle. On taxait d'absurdité les dogmes religieux, et d'enthousiasme les émotions religieuses. »

En France, on affichait plus ouvertement cette négation du christianisme. L'esprit de l'époque se refusait à admettre le surnaturel avec une âcreté de passion dont on n'avait pas d'exemple depuis le paganisme. La Révolution, encore latente, avait déjà sapé la foi nationale, mais dans son triomphe elle amena toute une génération à un matérialisme corrompu par sa philosophie impie. Ceux qui résistèrent au déluge de l'irréligion en sortirent avec une foi purifiée dont la flamme éclaira le monde, et répand

encore partout aujourd'hui ses **lumineux et purs rayons. Mais** leur nombre fut bien limité. L'accord général substituait l'Être suprême au Créateur et au Rédempteur du genre humain.

Lorsque Mary Clarke parut dans la société parisienne, les symptômes d'une rénovation du christianisme commençaient à peine à se faire sentir. Les salons et les ateliers qu'elle fréquentait appartenaient par leur esprit à ce dix-huitième siècle dont M. Stuart Mill disait : « Il parait frappé d'impuissance pour produire les sentiments forts et profonds qui s'allient aux habitudes méditatives. »

En France, cette absence d' « habitudes méditatives », l'impuissance de réfléchir, explique peut-être le développement extraordinaire que prit la parole à cette époque. Parler, faire la conversation, devint, comme nous l'avons vu, l'unique affaire de toute une classe très-distinguée de la société; or, le point difficile est de combiner cette démangeaison de parler avec le silence recueilli qui engendre la profondeur de la pensée et l'énergie des sentiments.

En jugeant le caractère de madame Mohl, le duc de Broglie estime que son esprit ne s'était pas formé d'idées précises sur aucun sujet. Cette absence d'opinions fixes fait supposer une sorte de lacune mentale difficile à concilier avec l'activité intellectuelle que nous avons remarquée ; mais d'un autre côté, elle donne la clef des contradictions dont nous ne nous rendions pas compte. Le but de madame Mohl dans la vie, elle l'a déclaré elle-même, avait été de plaire. Ce but atteint, — peu élevé, il était accessible, — elle sut être très-heureuse et éviter, presque jusqu'au bout, une heure d'ennui. Ce fut seulement vers la fin, quand l'aube du lendemain aurait dû blanchir, que, trahie par son idéal, elle ne trouva plus que vide et obscurité.

Naguère, dans une réunion publique, M. Renan, l'un des habitués du salon de madame Mohl, apprit à ses compatriotes, par l'expérience de toute sa vie, que la plus haute sagesse et la plus pratique des religions étaient la *bonne humeur*. Madame Mohl n'avait pas été élevée, comme le brillant académicien, à une école qui enseigne une foi plus sublime, et offre de plus puissants secours ; mais elle professait un peu la même doctrine. Elle portait la *bonne humeur* dans toutes les relations de la vie, et prétendit la garder jusqu'au dernier soupir. Nous avons vu comment, la main de la mort glaçant ses membres, elle plaisantait encore sur son chat favori.

Mais à cette nouvelle religion pratique et à cette panacée des maux de la vie, elle joignait une piété naturelle qui lui rendait facile l'accomplissement des devoirs dont elle avait l'instinct. Elle fut bonne fille, bonne épouse, bonne amie, femme respectable et respectée dans la société. Avec un idéal plus noble, celui qui seul nous amène sans désenchantement au terme de la vie, elle eût été quelque chose de plus. Mais le choix ne lui fut, pour ainsi dire, pas offert. Elle prit les moyens que son temps et son entourage mettaient à sa portée, et elle s'en servit le mieux qu'elle put. Telle qu'elle fut, avec ses dons, ses défauts, son charme, elle demeure une figure remarquable que l'avenir ne reverra probablement pas.

FIN.

PARIS

TYPOGRAPHIE DE E. PLON, NOURRIT ET Cⁱᵉ
rue Garancière, 8.